L'arrivée

« J'ai entendu dire que lorsque vous descendez des montagnes, pour entrer dans cette région, l'Arkansas Valley Bowl, on ressent comme une pesanteur, sous les nuages noirs. Je ne serais pas étonnée que ça vienne du système des prisons. »

CATERINA SPINARIS TUDOR, DESERT WATERS CORRECTIONAL OUTREACH

« Le système des prisons a toujours fait partie de la culture de Cañon City. Nous totalisons treize prisons dans ce comté. La ville s'est développée autour des prisons. »

KATHERINE SANGUINETTI,
PORTE-PAROLE
DU DÉPARTEMENT
DES CORRECTIONS
DU COLORADO

« Il est important de savoir que quand une récession frappe, comme celle qui vient de frapper l'Amérique, et le Colorado, et le comté de Fremont, et que l'on a une industrie telle que celle des prisons, ces emplois-là ne risquent pas d'être perdus. »

PAC
L

« Quelqu'un m'a dit que 30 % de la population de ce comté travaille pour le système des prisons ou a une relation, tel un frère, une mère, un mari, un membre de sa famille, qui travaille dans une prison d'État ou une prison fédérale. »

MIKE SCHNOBRICH, OFFICIER DE CORRECTION ET TRÉSORIER DU SYNDICAT AMERICAN FEDERATION OF GOVERNMENT EMPLOYEES, LOCAL 1302

« Si la prison
n'était pas ici,

il n'y aurait rien
ni personne

Le surnom
de cette région est
“Prison Valley”. »

BRENDA,
ÉPOUSE DE PRISONNIER

COLLECTION DEMOCRATIC POCHE
Livres d'art engagés

Cette nouvelle collection s'intéresse à toutes les formes de rencontres entre l'image et le texte : photographie contemporaine, plasticienne, documentaire, de reportage, de sport, de mode, de création... Elle propose également des rencontres entre la photographie et les grands enjeux de société de notre temps.

La création de la maquette de chaque livre est confiée à un graphiste de talent, à un grand designer graphique d'aujourd'hui, ou à un artiste plasticien.

Cette collection présente des livres d'art démocratiques, c'est-à-dire réalisés avec la plus grande exigence de fabrication mais proposés au prix d'un livre de poche illustré.

De plus, chaque exemplaire contient un tirage de collection numéroté. Cette pièce de collection est offerte par l'éditeur et l'auteur aux acquéreurs.

Premières parutions :

Act Up-Paris

Terra Incognita
de Jean-Luc Cormier

Sentinelles de l'Arctique
de Nicolas Mingasson

Apartheid
de Marie-Laure de Decker

Prison Valley
de Philippe Brault, David Dufresne et Sébastien Brothier

Œil Public, 15 ans d'histoires. Du photojournalisme à la nouvelle photographie documentaire.

PRISON VALLEY

L'INDUSTRIE DE LA PRISON

Un road movie dans l'Amérique en crise

par

Philippe Brault (photos)
David Dufresne (textes)
Sébastien Brothier (conception graphique)

arte ÉDITION

DEMOCRATIC BOOKS

Le choc

Cañon City (Colorado). Il y a une chose que James Beicker fait très bien : James Beicker fait très bien le shérif. James est un chef de groupe, un homme calme, souriant, un type rassurant, option bonnes joues, calvitie naissante, silhouette rayonnante, et qui empoigne la radio de sa Ford comme si, à chaque fois, c'était le geste le plus cool à faire dans les parages. James a une façon bien à lui, pourtant archi-vue à la télé, de saluer ses concitoyens à chaque croisement, à chaque entrée de ranch, sur Main Street comme sur Petroleum Avenue. Son pouce gauche reste sur le volant, ses doigts se lèvent délicatement, sourire, doigts en l'air, sourire, et les doigts qui se relâchent, pour enfin se remettre en place lentement sur le cuir, jusqu'au prochain administré qu'il faudra bien saluer. Parce que shérif, c'est pas flic comme partout. Shérif, c'est être élu : James Beicker, Républicain, la quarantaine, en est à son second mandat de grand manitou de la loi et de la force dans le comté de Fremont, au sud-ouest du Colorado. Un coin paumé : au pied des Rocheuses, au bout du bout de la plaine de l'Ouest, « loin des yeux, loin du cœur », comme on nous avait dit à Denver, avant de prendre l'InterState 25 pour nous y rendre.

La main droite de James, elle, reste toujours agrippée sur le micro de la radio. Il a beau ne rien se passer ici, ou presque, on ne sait jamais. Ici, c'est quand même la capitale mondiale des prisons. Trente-six mille âmes dans le comté, treize taules, un siècle d'uniformes rayés. Presque une ville modèle de ce que pourrait être le monde futur sécuritaire, avec ses prisons dernier cri, ses 16 % de population incarcérée, et toute une région qui vit *de, par, pour* et *dans* la prison. Au point que dès qu'on parle à quelqu'un ici, ce quelqu'un connaît quelqu'un qui travaille dans les prisons. C'est automatique comme un fusil. Il y a un nom pour ça : « le système ». Le système des prisons qui semble cadenasser toute la ville : commerces, motels, stations-service, prêteurs sur gages, restaurants McKing et Domino's Hut, motels encore, tout gravite autour des barreaux. Prenons Madame Beicker. Elle travaille un peu plus au nord, à Colorado Springs, au bureau de presse du Colorado Department of Corrections, l'administration des prisons de l'État. Les geôles, ici, c'est une affaire de famille. Dans un journal, avant de venir, nous avions lu cette phrase : Cañon City, « c'est la version *clean* de l'enfer ».

Deux détails pourtant ne collent pas dans la voiture du Fremont County Sheriff. Le premier, c'est justement un élément que les feuilletons américains se gardent bien de livrer : entre le coffre, à l'arrière, bourré de *riot guns,* et le grillage, dans l'habitacle, qui sépare le flic de ses passagers, il n'y a pas de quoi s'asseoir convenablement. La raison en est simple. À l'avant, il y a aussi des casiers de flingues, des lampes, des gadgets, des GPS, des trucs à fil et des machins sans fil. Du coup, dès qu'on plonge sur la banquette arrière, on s'y sent d'emblée mal à l'aise. C'est très bien étudié. En moins de deux secondes, on comprend qu'on a basculé, et que son propre destin est passé dans les mains d'un autre. À tout prendre, celles, délicates, du shérif Beicker pourraient être plus accueillantes que la moyenne...

L'autre détail, c'est une affaire de prénom. Celui de Beicker. À un carrefour, on lui demande si le sien, c'est James, ou Jim, comme tout le monde l'appelle ici. James sourit. « Appelez-moi Jim, dit-il. Ça fait plus shérif, trouvez pas ? »

Le comté de Fremont est un lieu unique au monde. Un concentré de ce que produit le durcissement des peines pénales aux États-Unis depuis une bonne vingtaine d'années : une industrie. L'industrie des prisons, où les corps s'apparentent à des marchandises en flux tendu, où tout n'est que gestion de stocks, turn-over, petits business et grandes détresses, salaires misérables pour travail pénitentiaire misérable, contrebande et contre-contrebande, « *correction*

fatigue », cette dépression qui semble ronger une partie de la population, dont les surveillants qui n'en peuvent plus de surveiller, plus-values foncières et prix des maisons qui ont grimpé en flèche aux alentours des complexes de *prisonniers* comme on dit complexes *hôteliers*. Un monde autarcique où la privatisation de certains centres de détention est totale – alors qu'en France, elle reste partielle, mais jusqu'à quand ?

Jim/James Beicker est intarissable. Il possède cet accent du Sud, nasal, traînard, le genre qu'Hollywood relègue toujours au second plan. Jim parle et James répond sans cesse, et sans chichis, comme tout le monde ici.

« Mon métier, dit-il, c'est aussi de faire de la politique. Et de la communication... »

Alors, comme tout le monde ici, Jim nous reçoit avec beaucoup d'égards. Que viennent donc faire deux *frenchies* dans ce trou ? suggèrent tous les sourires. Le shérif s'excuse pour la banquette, et pour le grillage, et pour les cent vingt-huit mille bornes au compteur de la Ford. C'est le paradoxe de cette bourgade. La ville vit d'une mono-industrie mais aimerait bien qu'on oublie ça, fissa. À l'image de cette vieille enseigne lumineuse érigée au cœur de Cañon City. Les petites ampoules jaunes sorties d'un bal flonflon disent que la ville, c'est « *The City Beautiful* », avec son « *splendid climate* », ses « *beautiful mountains* » et son « *Royal Gorge* », un pont suspendu, transformé en disneylanderies pour cow-boys du dimanche.

Enfin, ce qu'on voit surtout, c'est ça : une grue énorme sur une prison hors normes, qui s'apprête à sortir de terre à l'est de la ville. Jim nous apprendra que les cellules de ce Colorado State Penitentiary II ont été fabriquées sur place. « Soudées et forgées par des prisonniers. » Comme tout le monde ici, le shérif Beicker semble n'avoir rien à redire à cette logique. *Business is business*.

« Est-ce que vous savez comment le comté est devenu la capitale des prisons ? demande notre hôte. Au XIXe siècle, le comté a eu le choix : être la capitale universitaire du Colorado ou sa plus grande ville-prison. Devinez pour quoi les gens ont voté... » Le conservateur du musée de la ville, un jeune intello venu de Chicago, ni tout à fait égaré dans le décor, ni tout à fait raccord, nous tendra un tract publicitaire qui atteste de cette fierté : « Cañon City possède une pharmacie, un magasin de chaussures et de bottes, un magasin de selles et de harnais, deux forgerons, un excellent moulin, deux hôtels, une boucherie, une épicerie fixe et, aussi, c'est la ville du Territorial Penitentiary, un bâtiment

de haute qualité, dont la construction a coûté plus de 36 000 dollars. »

C'est signé du Comité des citoyens du comté de Fremont, et daté de 1870. Cent quarante ans plus tard, on en est toujours là. Le Territorial Penitentiary a changé de nom, s'est agrandi, mais il est encore debout, comme un petit Arc de Triomphe dérisoire : il trône sur les Champs-Élysées de Cañon City, à l'entrée de Main Street. Dans les couloirs de la mort du pénitencier, Richard Brooks y a même tourné en 1967 la scène de pendaison de *De sang-froid,* d'après le chef-d'œuvre de Truman Capote.

Quant à la ville, elle sait ce qu'elle doit aux barreaux. Après la ruée vers l'or, ils ont fait sa fortune. Dans les années 1990, les riverains, prévenants, sont allés jusqu'à lancer une tombola pour offrir des terres au Bureau des prisons de Washington. Le ministère de la Justice y bâtira Supermax, la prison des prisons, l'« Alcatraz des Rocheuses », à demi enterrée. Une méga-prison, un temps désignée pour accueillir les prisonniers du camp de Guantanamo une fois fermé. Ça ne se fera pas. Supermax semblait pourtant tout indiquée, elle qui est encore plus « loin des yeux, loin du cœur » que les autres prisons du coin : à un bon kilomètre de la moindre route goudronnée, dans les terres semi-arides du Colorado.

Jim Beicker stoppe enfin sa Ford. On sort. Il retire ses Ray-Ban. On se détend les jambes. Et le voilà qui égrène les noms des prisonniers les plus célèbres de Supermax, là, en face, mais si, vous voyez, les miradors... Il les égrène non pas comme des trophées, mais comme des fiches signalétiques. Flic un jour, flic toujours. Là-dedans, dans des cellules de trois mètres sur deux, il y a le Français Zacarias Moussaoui, condamné pour complot en liaison avec les attentats du 11 Septembre. Terry Nichols, condamné pour l'attentat d'Oklahoma City (cent soixante-huit morts en 1995). Theodore

Kaczynski, dit « Unabomber », condamné à perpétuité pour attentats aux colis piégés ou à la bombe, dont trois mortels. Ou encore Richard Reid, dit « Shoe-Bomber », condamné à cent vingt ans de prison, pour avoir dissimulé des explosifs dans ses chaussures sur le vol 63 d'American Airlines entre Paris et Miami.

« Vous savez, dit le shérif Beicker, les gens s'inquiètent des évasions. C'est à cause des médias. Vous savez comment ils sont, les médias, de nos jours. Ça diffuse vite, tout ça. Mais chez nous, les prisons, elles font partie de notre vie... Des prisonniers ont taillé la roche de certains bâtiments du centre-ville. C'est du grès, ça vient des montagnes. Alors, les prisons, elles sont acceptées ici. Vous savez, même dans le Colorado, j'ai des collègues shérifs qui me demandent tout le temps : "Qu'est-ce que ça fait d'avoir tout ça chez toi ?" Je leur réponds que nous n'y pensons pas, que c'est juste notre quotidien, et puis voilà tout. » OK, OK. On ose quand même imaginer ses sueurs froides en cas de pépin. l'extérieur des enceintes des prisons, tout relève de sa juridiction. La radio grésille, une broutille, on reprend la route.

James tient à nous emmener sur les hauteurs de Cañon City. Dans le plus ancien cimetière de la ville. Il va de tombe en tombe, nous racontant l'histoire des lieux. On ne lui demande rien. Et lui qui prend son temps. Cette fois, c'est une croix que ses doigts caressent. On flaire la mise en scène. « Ici, reprend-il, c'est le carré des prisonniers morts sans famille. Les prisonniers l'ont appelé le "*Woodpeck Hill*" (la colline du Pivert). C'est un surnom directement inspiré d'un autre mot des prisons : le "*Woodpecker Waltz*" (la valse du Pivert). Parce que c'est ainsi que les condamnés à mort désignaient leur ultime marche : la "*Woodpecker Waltz*". » Pour la première fois depuis sa ronde, James se tait.

Homme solide, petits tourments. Et si on se plantait ? Et si, soudain, il n'y avait plus de mise en scène chez lui ?

Pendant des décennies, une chambre à gaz était installée ici, au sommet de la colline. La boîte était faite d'une pièce, avec de larges vitres pour les observateurs.

Au loin, le *Colorado sunshine* s'apprête enfin à décliner. Il était temps : vitres bloquées à l'arrière dans la Ford, la température doit bien atteindre les quarante degrés. Jim fait alors une ultime halte. Il veut absolument nous montrer son « *baby* », le Fremont County Detention Center, sur Justice Road. Mais d'abord, on doit se débarrasser de tout ce qui pourrait attiser les convoitises : porte-monnaie, papiers, portable. Dans son bureau, c'est à peine si on remarque, entre photos de flingues et diplômes de tirs, cette nature morte faite de canards empaillés, de fausses pierres, de fleurs séchées et d'un écriteau : « Chasse interdite »...

Le Fremont County Detention Center, c'est la prison du shérif, appelée « *jail* » par les fins connaisseurs, sorte d'antichambre carcérale de tout le comté. Conducteurs en état d'ivresse ou meurtriers, petits fumeurs de cannabis ou gros braqueurs, la plupart transitent par ici. Cent quarante-cinq hommes, dix-huit femmes, tous entravés, sans distinction. « Pour raison de sécurité », souffle un gardien. Son « *baby* », qu'il dit, Jim... Comme s'il s'agissait d'une maison, ou d'une bagnole... Cette affection pour les barreaux a quelque chose d'irréel. Et pas de doute : James Beicker est le *boss* ici. Le patron façon Colorado : *cool,* mais *boss.* Ses hommes filent droit. Et lui nous ouvre les portes. Ses hommes sont étonnés. Et lui continue. C'est l'heure où toutes les prisons du monde semblent reprendre vie : l'heure des chariots qui cognent dans les couloirs, et des pieds qui cognent dans

les portes, l'heure de la bouffe. Jim le répète : « La nourriture, dans une prison, c'est la clé. Si vous en servez de la mauvaise, vous créez de la frustration. Et multipliez les incidents. »

Partout, cellules, couloirs, coursives, corridors, des odeurs. Ça pue l'humidité, l'air vicié, le renfermé. Partout, des couleurs, qui racontent des vies. Les uniformes verts, ce sont les destins brisés, les grands criminels. Les rouges, les délits moyens. Les rayés, les petites bricoles. Et voilà le shérif qui prend place, parmi trente détenus, au centre du repas. Le voilà qui sourit à ceux que lui et ses hommes ont enfermés, à ceux qui rendent l'emploi en ville si stable. Un haut-parleur appelle Matthew, un condamné (rouge). Le surveillant dit : « Je t'ai vu, Matthew. Tu n'as pas le droit de piquer du pain sur un plateau. Tu le sais bien. Rends-le. » Quelques mètres plus loin, c'est le bloc des femmes. Derrière une vitre sans tain, dix-huit attendent leur repas. Les vitres sans tain, explique un geôlier, « c'est à cause de l'époque où les mecs exhibaient leur sexe et les femmes leurs seins ». Une détenue chuchote : « Ils sont tous sympas, les gardiens. Sauf celui qui est à la porte justement. » Une autre nous montre son livre, dans un éclat de rire : *La troisième victime : connaissez-vous le crime parfait ?* signé Lisa Gardner. Le *New York Times* a adoré.

Et voilà que ça recommence. Jim s'installe face aux détenues. Discute. Plaisante. Ça finit par un « fallait pas venir en prison, les filles » et elles rient de bon cœur. À la fin, Jim nous salue. Et nous fait un aveu : « Je n'aime pas voir tous ces gens en prison. C'est ainsi que l'Amérique a grandi. C'est un problème culturel. »

Après, chacun s'est tu. On lui a dit merci.
Puis, on est restés un mois et demi en ville.

9
8
7
6

5
6
7
8
13
14
15
16

1
2
3
4
9
10
11
12

H216
H217
115
H116

H219
H118

J214

Riviera Motel Inn

Dès le premier soir, quand on a aperçu le cube du Riviera Motel Inn, à deux routes de Cañon City, du côté de Florence, Colorado, on a d'emblée su que c'était là. Là qu'on voulait être, là qu'on resterait. Tout nous attirait : l'ambiance déglingue, l'orange clinquant, l'Amérique d'avant.

Les gens en ville ne voyaient pas trop pourquoi on y tenait. Le lieu avait une réputation moyenne. Le Riviera Inn était pourtant parfait, artisanal, ambiance famille, loin des standards standardisés.

Le premier jour, les problèmes se sont accumulés. Le wifi ne marchait pas, la clim était folle, le carnet de réservations vide, du linge avait disparu. Et Halina, la gérante d'origine polonaise (« Mon nom, c'est Halina Dabrowska... Dabrowski, en style américain »), jouait à cache-cache avec nous. Elle aussi saisissait mal ce qu'on faisait chez *elle,* au motel, et chez *eux,* dans le Colorado, avec notre projet de webdocumentaire à propos de la ville, avec nos caméras, leurs taules, notre calepin, nos appareils photo, nos micros, et notre rail de travelling. Mais Halina nous souriait, comme le shérif, comme tout le monde. Sur la carte de visite de son établissement, il était écrit : « L'hospitalité est notre affaire. » On aurait dit le slogan du comté.

À l'arrière, sur le parking, se dressait une sorte de vieux mini-chalet, abîmé, un cabaret de poche, fermé, avec des enseignes jazzy, façon boîte à strip-tease délocalisée, et imaginaire. C'était ça, le Riviera : pas bien wifi, tellement low-fi 50's.

Halina, soixante-douze ans, a débarqué ici avec son mari Jan en 1988. Elle nous disait de ne pas nous inquiéter, qu'un « *computer genius* » viendrait vite réparer Internet. Le type est venu, il n'a jamais rien réparé. L'as en question était un des amis d'Halina, comme il y en avait plein.

RIVIERA INN

136 E. Front St.
Florence, Colorado 81226

CLEAN ROOMS
AIR CONDITIONING
CABLE TV / HBO
REFRIGERATORS & MICROWAVES
COFFEE PLUS
COIN LAUNDRY
WALKING DISTANCE TO BUSINESS AREAS
WIRELESS INTERNET

719-784-6716

MOTEL
RIVIERA

Le Riviera, c'était l'Amérique du dessous. Celle des voyageurs de passage ; des chômeurs ; des types avec des vans en panne. L'Amérique cassée, comme cette femme, qu'on n'osera jamais vraiment approcher. Elle buvait canette sur canette, et espérait l'inespéré : « Ça va aller, je vais m'en sortir tôt ou tard. » Tous avaient quelque chose en commun : ils étaient au Riviera et on y était bien.

Un jour de froid, Halina nous a préparé une bonne soupe et du thé au miel. Puis elle a ri de son petit rire sec, et nous a offert toutes ses archives sur Supermax. Les prisons à côté de chez elle ? Halina n'y était jamais entrée. Le seul prisonnier qu'elle connaissait un peu, c'était « à cause de son nom », style polonais, « Kaczynski l'Unabomber ». « C'est un nom connu. Il était professeur à l'université

de Berkeley en Californie. Et il a commencé à faire des choses pas bonnes... Il avait une amie, elle s'appelait Joy, qui descendait ici. Elle venait très souvent lui rendre visite. Ensuite, Halina nous a dit de rester, qu'on verrait débarquer des familles de prisonniers, le week-end, ici, dans le cube orange et crème. Elle nous a prévenus. Ce n'était pas toujours une clientèle facile : « Certaines femmes, qui viennent rendre visite en prison à leurs maris, ou à leurs amis, parfois, elles volent des objets dans les chambres, comme des oreillers, des couvertures. Et, parfois, elles laissent tout en désordre. » Mais ce week-end, Halina en attendait une en particulier. Une qu'elle aimait bien. Brenda. On ne savait pas encore qu'elle allait bouleverser notre voyage.

On a écouté la gérante, on a posé nos valises.

« Arrêtez-vous et purgez votre peine avec nous. »

Business is business

La journée, Rick Smitley veillait sur le système électronique des prisons fédérales. Détecteurs de métaux, téléphones, radios, caméras, c'était son rayon.

Le reste du temps, Rick était, avec son épouse Shelley, le propriétaire de la boutique Dress Code, à cinquante mètres de notre motel. Uniformes, chemisettes, polos, badges, écussons, pantalons, broderies en tout genre, c'était leur affaire.

« Comme le nombre de prisons a augmenté dans la région, on a dû agrandir notre magasin pour répondre aux besoins », nous ont dit les Smitley.

Ça ressemblait à la légende du Far West. Ceux qui ont fait fortune, ce ne sont pas les chercheurs d'or, mais les vendeurs de pioches.

Le matin, on leur faisait souvent un petit coucou. Dress Code était sur la route de nos *breakfasts,* et celle de l'industrie de la prison. « Vous savez, a insisté Shelley, dans les petites villes, on est amical. Une fois que les clients ont commencé à acheter des uniformes, nous avons établi des relations avec le personnel des prisons. » Et le tour était joué. Dress Code est l'un des quatre vendeurs américains spécialisés dans la couture carcérale. « On expédie dans tout le pays », répéta Rick.

Pendant plusieurs jours, Rick nous a justement dit de repasser au magasin, qu'il tenterait de nous faire visiter Supermax. Rick s'est démené. Ça n'a jamais marché.

MOTEL
$34
1 *PERSON

ERICAN
INN
OTEL
NCY
BLOCKBUSTER

SHERIFF'S DEPT.
FREMONT COUNTY
COLO
BOP
WE SECURE WHAT MOST FEAR
UNITED STATES
PENITENTIARY
FREMONT COUNTY, COLORADO
SHERIFF
Action Care
AMBULANCE
FREMONT COUNTY
SOME GAVE ALL
SHERIFF'S OFFICE
SHERIFF
RESTORED
COLORADO
DEPARTMENT OF CORRECTIONS
POLICE
FLORENCE
COLORADO
1887
OFFICER
COMMUNITY PAROLE
DEPARTMENT OF CORRECTIONS
COLO
FLORENCE
POLICE

LOGAN COUNTY
SHERIFF'S OFFICE
STERLING
COLORADO
FREEBURG ILLINOIS
1836
COLORADO
STATE PATROL
PENNSYLVANIA
STATE POLICE
TROOPER
SHERIFF'S DEPT.
CUSTER COUNTY
COLO
COLORADO
STATE PATROL
CUSTER COUNTY
COLORADO
SHERIFF'S
DEPT.
AMERICAN MEDICAL RESPONSE of COLORADO
DENVER DIVISION
DENVER
POLICE
COLORADO
SPRINGS
NIL SINE NUMINE
POLICE
DEER MTN. - COALDALE
PUEBLO COUNTY
SHERIFF
POLICE
COLORADO
SPRINGS

DEPARTMENT OF

Sales Receipt
Amount
Subtotal
Total

L'Alcatraz des Rocheuses

Un motel, sur la route de Supermax, à la sortie du comté de Fremont. Ce Super 8 a une histoire. Avant, il s'appelait le River Valley. À croire que l'ombre de Truman Capote planait sur tout le comté de Fremont. Dans *De sang-froid,* le quadruple meurtre de la famille Herb survient dans une ferme homonyme, la River Valley Farm, à deux pas de l'Arkansas River, qui coule pas loin, ici aussi, et qui longe, ici aussi, la même autoroute Interstate 50. La comparaison s'arrête là : la famille Herb a été décimée en 1959 à Holcomb, Kansas, et, ici, c'est le fin fond du Colorado voisin. Des mauvaises langues disent que c'est pareil, Holcomb et Cañon City, blanc bonnet et chapeau de cow-boy, mais ce sont des mauvaises langues.

Le River Valley Motel a été construit en 1992 pour loger les ouvriers qui allaient bâtir Supermax, la méga-prison fédérale, à un kilomètre de là, destinée à garder les prisonniers les « plus dangereux d'Amérique ». Entre désert et enfer. *Clean.*

Jim Beicker nous avait prévenus : de toutes les prisons du comté de Fremont, celle-ci est la plus reculée. Dès qu'on s'en approche, il se trouve toujours une voiture blanche et noire en travers de la piste. Ou le pick-up d'un fermier particulièrement vigilant. Et quand on marche, ce sont les serpents qui sifflent sur nos têtes, ou les petits cactus qui transpercent les chaussures. Tous, sentinelles pour le compte du ministère de la Justice américain.

« Des barreaux en or. »

Razor wire, a stone fence and a manned guard tower at Colorado Territorial Correctional Facility are common sights around Fremont County where prisons have a huge economic impact.

CHIEFTAIN PHOTO/ TRACY HARMON

# of gold

impact in Fremont County

SUPER
8
MOTEL
SUMMER FUN
HAS BEGUN COME
REST WITH US

Supermax, et ses quatre cents prisonniers, dont certains confinés seuls dans leur cellule vingt-trois heures quinze par jour, avec isolement phonique.

C'est dans un des rares restos corrects de la ville que l'on a croisé pour la première fois Allen Rexford, vice-président du Syndicat des officiers de correction américains. Allen était venu avec des amis syndicalistes. Et des livres, sur la chute du mythe américain, ainsi qu'un portfolio sur les prisons de Cañon City. En bout de table, Allen parlait peu. Il semblait attendre quelque chose, un signe, disant que l'on pourrait débattre franchement. Nous avons conclu un pacte : aucune allusion au système de sécurité à Supermax où lui et ses amis travaillent. Allen allait parler du reste avec fierté. Question de survie, probablement. Le gardien portait un flingue et quelques (maigres) espoirs. Il s'est alors mis à nous raconter sa vie, les taux de récidive astronomiques, ses désillusions sur un système qu'il juge « cassé », et Supermax, l'ultra-prison de Florence.

« Les joies estivales ont commencé. Venez vous reposer avec nous. »

STOP

« Nous sommes plutôt fiers du fait que ce soit le fleuron, si je puis dire, du Bureau des prisons. La prison de très haute sécurité est la prison, et son surnom est "l'Alcatraz des Rocheuses". On considère tous les prisonniers comme de simples détenus, qu'ils soient connus ou inconnus. Les gens, eux, aiment bien mettre en avant le fait qu'on ait Zacarias Moussaoui, Kaczynski, Terry Nichols, Timothy McVeigh, etc. »

« Quand les prisonniers se promènent dans la cour, ils ne voient rien autour. Les murs, les murs de six mètres... Ils ne peuvent que voir le ciel. Ils ne voient rien de familier autour de la prison et n'ont aucun point de repère. Ils ne savent pas où est le nord, où est le sud. C'est pour décourager toute tentative d'évasion. »

« Leur seul accès à l'extérieur est une fenêtre d'à peu près dix centimètres de large sur un mètre de haut. Ils voient le ciel et ont de la lumière naturelle, conformément aux normes de l'American Correctional Association. Presque toutes les cellules sont identiques. Il y a une douche en acier inoxydable, une couchette en béton, un bureau en béton avec un tabouret en béton, et une étagère en béton pour mettre la télévision. Et dans chaque cellule, on trouve un sas avec des grilles et une porte pleine extérieure. On peut ouvrir la porte extérieure, s'occuper du prisonnier à travers les grilles et refermer la porte extérieure. »

« Notre taux de récidive au Bureau des prisons est environ de 75 %, ce qui signifie qu'entre 72 et 75 % des prisonniers qui sont libérés reviennent éventuellement en prison. En général, ce que les prisonniers apprennent en prison, à part 25 ou 30 %, c'est comment devenir un meilleur criminel. Nous avons besoin de programmes supplémentaires, ce qui coûte de l'argent, et la plupart des gens ne veulent pas mettre plus d'argent dans les prisons. C'est ça qui est cassé dans notre système. Nous voulons mettre des gens sous clé, les emprisonner pendant très longtemps, mais dès qu'ils y sont, nous voulons les oublier : voilà notre plus grand problème. »

ALLEN REXFORD,

OFFICIER DE CORRECTION ET PREMIER VICE-PRÉSIDENT

DE LA BRANCHE PRISON DU SYNDICAT AMERICAN FEDERATION OF GOVERNMENT EMPLOYEES,

LOCAL 1302

« Ça viole absolument le standard minimum pour le traitement des prisonniers. Le problème est que les États-Unis n'ont pas signé d'accords internationaux sur les droits de l'homme. Ils ne pèsent pas lourd ici. Le huitième amendement de la Constitution américaine, en revanche, a plus de poids. Il interdit "la punition cruelle et inhabituelle" des prisonniers. Il y a eu plusieurs procès, dans d'autres États, qui ont mis en cause ce niveau de confinement, et qui ont été couronnés de succès, surtout pour les prisonniers atteints de maladies mentales. »

CHRISTIE DONNER,
DIRECTRICE DE LA COLORADO CRIMINAL JUSTICE REFORM COALITION

« Le complexe fédéral de Florence n'est pas au milieu de nulle part. Il est à la périphérie de notre ville, certes, mais il y a un lotissement qui longe le complexe, et même un terrain de golf. Ce lotissement doit atteindre dans les mille cinq cents habitants au final. De n'importe où dans le comté de Fremont, vous pouvez voir le complexe fédéral ; la nuit, vous pouvez voir ses lumières. Il fait partie de notre environnement. Ce n'est pas une prison au milieu de nulle part. »

BUFFIE MCFADYEN,
SÉNATRICE DÉMOCRATE
DU COLORADO

« La communauté a organisé une collecte de fonds à la fin des années 1980. Puis le Bureau des prisons est venu ici, ils ont tenu des audiences publiques et ils ont été étonnés de ne voir aucune opposition des riverains. Du coup, leur projet d'une ou deux prisons a pris une autre tournure. Le Bureau a acheté d'autres terres et il a commencé à planifier un complexe de quatre prisons dans le comté de Fremont, au sud de Florence. Et on leur a dit : "Soyez les bienvenus." »

ED NORDEN,
ÉLU RÉPUBLICAIN
DE FREMONT COUNTY

Orioles set new major league loss record Page 6

Cañ
Your Loca
Da

112th Year, No. 96

Planners sco

By JOHN LEMONS
Record Staff Writer

Two contract planners for the Federal Bureau of Prisons arrived Wednesday to conduct an environmental and socio-economic survey of four sites in Fremont County for a proposed federal prison.

"The main part (of the inspection) is to talk to people and walk the site to get a good feel for it," said Robert J. Hefferon, principal planner for Louis Berger & Associates Inc., of Washington, D.C. "The FBOP is very concerned about being a good neighbor and fitting into the community."

Local officials have been trying to attract a new prison to Fremont County and have lined up four sites near Florence. The main site is east of the Fremont County Airport on Colorado Department of Corrections property east of the main prison complexes, according to Skip Dyer, executive director of the Fremont County Economic Development Corp.

Three other sites are south and southwest of Florence and are located in remote areas where very few people are living, he added. All the sites are within reach of utilities like electricity, sewer and water.

"We are looking at the sites in very general terms to begin with," Hefferon said.

The survey — conducted from Wednesday to Friday — will help determine what impacts there will be on the land and nearby communities as well as if there will be any problems associated with building a prison in the area, he said.

The environmental issues can range from looking to see if there are any endangered plants or animals in the area that would be affected by a prison to determining if prison construction would disturb Indian or other archeological sites, he added.

Items like noise pollution and air quality also are considered.

The socio-economic impact of a 900-bed prison on surrounding communities is also a major concern and will be studied, Hefferon said.

The impact on scho
and water supplies, an
have to expand those
population, both inm
evaluated, he said. Lab
If the initial surve
lowup surveys will be
Hefferon added.
Some of the initial w
the site west of the ai
environmental impact
for the Federal Aviati
port site and surroundi
Part of the site bein
new prison is on coun
land, Dyer said. There
state land is available a
"The state understan
donate it," Dyer said
very much in favor of i
The DOC has about
west by the airport, on
unincorporated farmla
north by U.S. Highway
the south.
"The state doesn't
the FBOP)," Dyer said
of the facilities."
The state has plenty
the property to meet a
added.
The few acres of c
being offered to the
according to Fremont
Carhartt.
"We will work wit
Carhartt said.
As for the other t
understand that they wi
low figure, Dyer said.

Bendells advise city
of movie chase-scen

a City

Thursday

April 21, 1988

wspaper for 112 Years

y Record

22 pages — 25¢ per copy — 275-7565

Gore ready to quit
Jackson continue
Page 13

t federal prison site

ns, the sewer system the community will to meet the increased employees, must be also is a concern. any problems, fol- d to get more details,

ndy has been done on said, referring to an ne several years ago nistration on the air- ty. to the FBOP for the nd the rest is on state nderstanding that the , he added. e would like them to (state officials) are prison)." cres bordered on the by Cañon City and subdivisions, in the he Arkansas River to

that land (offered to too far from the rest

t the western end of building needs, he

nd in the 300 acres on't be a problem, Commissioner Wes

any way we can,"

s, the land owners be sold for a very

Skip Dyer, executive director of the Fremont County Economic Development Corp., points out property being offered as a site for a possible new federal prison east of Cañon City. In the mi Robert J. Hefferon and Alan D. Summerville, contract planners hired by the Federal Bureau of P conduct surveys of the proposed prison sites. On the far right is Capt. Don Gindro, head of security at the Fremont Correctional Facility. Gindro took the three on a tour of the state Wednesday.

photo by Jo

"If the private property sites are selected, our intention is to raise the money locally to buy it from the private land owners," he said. "We would probably seek donations from businesses.

"I think there would be considerable support from throughout the community because it is such a desirable thing economically."

If located in Fremont County, the federal prison will employ about 250 people and provide a payroll of about $5 million a year, Dyer said. About 50 to 60 percent of those employed would be local area, he added.

The surveyors are looking at a 700-bed security prison with a 200-bed minimum prison for the area, Hefferon said.

But all surveys are conducted with this prison in mind, he added. It doesn't mean the type of prison that will be built if a decision to build in Fremont County.

uncil
plans

Romer signs Ark-Park bil

Record Denver Bureau
DENVER-Gov. Roy Romer

Many communities along the

adds water surface

« À la recherche de nouveaux sites pour construire des prisons fédérales. »

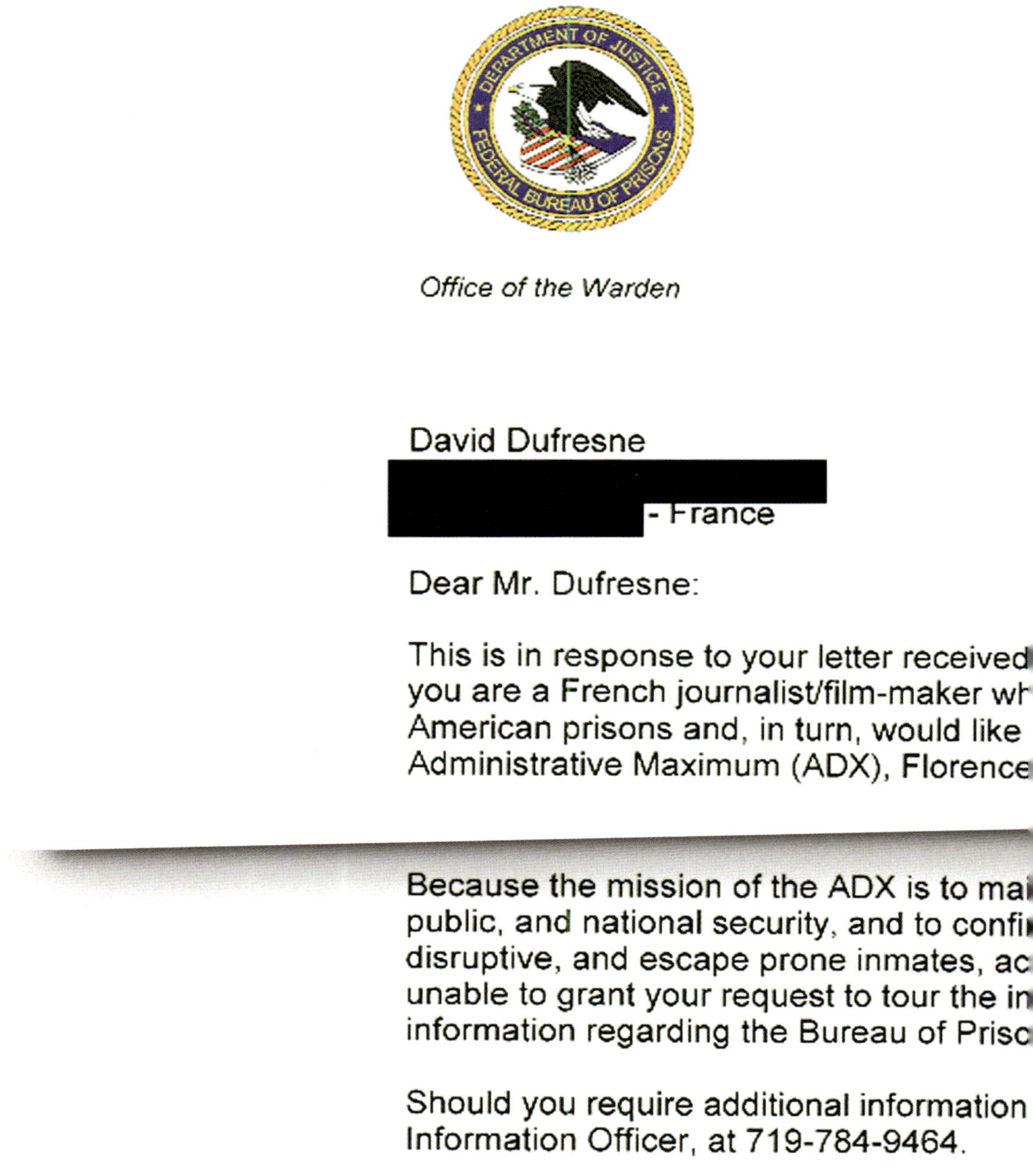
Office of the Warden

David Dufresne

- France

Dear Mr. Dufresne:

This is in response to your letter received
you are a French journalist/film-maker wh
American prisons and, in turn, would like
Administrative Maximum (ADX), Florence

Because the mission of the ADX is to ma
public, and national security, and to confi
disruptive, and escape prone inmates, ac
unable to grant your request to tour the in
information regarding the Bureau of Priso

Should you require additional information
Information Officer, at 719-784-9464.

« Pour garantir la sécurité de Supermax, l'accès au complexe fédéral est limité. Par conséquent, nous ne pouvons vous accorder le droit de visiter notre institution. »

U.S. Department of Justice
Federal Bureau of Prisons

Federal Correctional Complex
☒ Administrative Maximum Security Institution
☐ High Security Institution
☐ Medium Security Institution
☐ Minimum Security Institution

5880 State Highway 67 South
P.O. Box 8500
Florence, CO 81226

September 8, 2009

y office September 2, 2009. You incicate
preparing a web documentary about
ır the United States Penitentiary,
orado, to assist with your project.

security interests of staff, inmates, the
e Bureau of Prisons' most violent,
to the facility is limited. Therefore, I am
ion. However, you may find more detailed
our website, www.bop.gov.

may contact Mark Collins, Public

Sincerely,

Blake R. Davis
Warden

« Les prisons sont par nature des endroits secrets, et doivent le rester. Nous-mêmes ne sommes pas très ouverts sur l'extérieur, bien que nous ayons un impact important sur la ville. Dans une démocratie, tout ceci doit être discuté. Pour pouvoir faire des choix. Sans compter qu'en étant secrètes, les prisons risquent de se prêter à la corruption. »

MIKE SCHNOBRICH,
OFFICIER DE CORRECTION ET TRÉSORIER DU SYNDICAT AMERICAN FEDERATION OF GOVERNMENT EMPLOYEES, LOCAL 1302

Fremont County, Colorado : son soleil, ses Rocheuses et ses prisons depuis 1871

Fremont John était son nom. En 1843, c'est lui, un explorateur, qui a donné son patronyme au comté. En 1871, Cañon City compte alors quatre blocs et une prison : le premier édifice de « correction territoriale ». Le 13 juin 1871 y pénètrent ses deux premiers prisonniers : John Sepler, vingt-quatre ans, et W. H. Henderson, trente-cinq ans, condamnés chacun à de courtes peines.

La ville, l'une des trois plus anciennes du Colorado, avait été créée en 1859, durant la ruée vers l'or. Un an plus loin, ses habitants votèrent pour choisir son nom. C'est grâce à la faute de frappe d'un reporter local que Cañon City s'écrit ainsi, et non « Canyon City », comme les résidents l'avaient souhaité. Le journaliste était d'origine hispanique.

Dès la fin du XIXe siècle, une usine profitera de la main-d'œuvre des prisonniers : The Colorado Shoe Co., confection de chaussures et de bottes, initiant le début d'une industrie locale. Plusieurs routes seront également construites par des prisonniers : celle qui mène au Royal Gorge et celle, dite « scénique », de Skyline. Elle fut percée en 1905 par soixante détenus à qui l'on avait promis dix jours de remise de peine par mois travaillé. Cinq ans plus tard, la première école publique sera montée en briques *made in prison*. À l'époque, un orchestre de détenus donnait également des concerts chaque dimanche, depuis le balcon du pénitencier.

Dans les années 1920, Cañon City va servir de base arrière au Ku Klux Klan, au point que l'un de ses habitants est nommé Grand Dragon du Klan. On prêtait alors au KKK la volonté de prendre le contrôle de la prison. En vain. Lors de notre périple, quatre-vingt-dix ans plus tard, des riverains nous ont certifié que le KKK était encore actif. Sans preuves.

Jusqu'en 1934, la pendaison fut la seule forme de peine capitale dans le comté. Puis Cañon City devint laboratoire pour les exécutions par chambre à gaz, de 1934 à 1967, donnant au Colorado la primeur du procédé dans tout l'Ouest américain. Depuis, les exécutions se font par injections létales. La dernière remonte à 1997. À Cañon City, deux hommes attendent actuellement dans le couloir de la mort : Sir M. Owens, né en 1984, et Nathan J. Dunlop, né en 1974.

« Voici le bulletin local !
Le conseil d'administration de la chambre de commerce de Florence vous invite à sa journée portes ouvertes ce vendredi.
Et merci aux détenus de la prison fédérale pour leurs rénovations ! »

SPOT DE PUBLICITÉ SUR UNE RADIO LOCALE

POPULATION

FREMONT COUNTY

47 815

COLORADO

5 024 748

HABITANTS DE MOINS DE 18 ANS

FREMONT COUNTY

17,5 %

COLORADO

24,4 %

HABITANTS DE 65 ANS ET PLUS

FREMONT COUNTY

16,7 %

COLORADO

10,3 %

POPULATION BLANCHE

FREMONT COUNTY

90,6 %

COLORADO

89,7 %

POPULATION NOIRE

FREMONT COUNTY

5,4 %

COLORADO

4,3 %

REVENU MOYEN PAR MÉNAGE

FREMONT COUNTY

$ 39 155

COLORADO

$ 57 184

HABITANTS SOUS LE SEUIL DE PAUVRETÉ

FREMONT COUNTY

14,7 %

COLORADO

11,2 %

SUPERFICIE DES TERRES EN KM²

FREMONT COUNTY

2 467

COLORADO

166 882

Source : Bureau de Recensement, États-Unis, 2009

L’incarcération de masse

À Cañon City, tout le monde se transmet la même histoire, comme celle racontée par le shérif. Une fable ni tout à fait exacte, ni vraiment fausse. Au XIXe siècle, dit-on, la ville avait le choix : devenir la capitale universitaire du Colorado, ou sa plus belle ville-prison. Voilà pour le mythe, la raison de vivre du coin.

Pour comprendre la réalité, il nous fallait nous extraire de la ville, avant d’y revenir. Faire des kilomètres, au nord ; aller à Denver, la capitale pour de vrai du Colorado, à la rencontre de gens comme Christie Donner, militante de la réforme pénale. Son QG : un bureau en pagaille, avec des lettres, et des brochures, des statistiques, et des documents partout. Le bâtiment qui l’accueille est un centre social de bonne taille, comme on en voit peu aux États-Unis. Banque alimentaire, aide juridique, soutiens divers, le lieu, appelé le Denver Inner City Parish, disait la misère à quelques blocs du centre de Denver. Il était tard. L’entretien se déroula dans la salle bleue, grande comme un gymnase.

Christie Donner riait tout le temps. Et son visage affichait le reste, la lutte, depuis tant d'années, contre ce qu'elle appelait « l'incarcération de masse ». À propos de la vallée de la prison, c'est elle qui nous avait prévenus : « La raison pour laquelle nos prisons sont si loin tient dans cette phrase : "Loin des yeux, loin du cœur." Ça renvoie à la notion de bannissement d'autrefois. On bannit des individus pour leurs délits, on les extrait de la société. Ça rappelle l'esclavage, qu'a bien connu ce pays, cette habitude de faire du profit sur le dos d'individus enchaînés. »

La guerre à la drogue, le durcissement des peines (elles ont doublé en vingt ans), les libérations conditionnelles très conditionnelles, expliquent les chiffres que Donner égrenait comme des défaites. Chez elle, on ne savait pas bien qui allait gagner – de sa fatigue ou de son énergie. À quelques blocs de là, toujours à Denver, une maisonnette. Celle d'Erin Rosa, vingt et un ans, la démarche rapide, la gestuelle déterminée : Erin est journaliste. Enfin, mieux que ça, acharnée, à l'ancienne, un peu seule. Dans le Colorado, Erin Rosa est l'une des rares à traquer les failles de l'industrie carcérale. Dans son salon-bureau-salle à manger-chambre à coucher, Erin semblait y croire. À Obama, à l'Amérique qui change, à l'investigation, mais elle nous suggérait de ne pas trop y croire, parce qu'à Cañon City, une loi règne. Celle du silence. C'est alors qu'Erin nous a ouvert son carnet d'adresses, avant de nous souhaiter bonne chance. Dans la ruelle qui mène chez elle, Erin a glissé : « Ce qu'il faut faire, c'est réformer complètement le système de condamnations. Actuellement, on incarcère beaucoup de personnes pour des crimes ou des délits non violents, par le truchement des peines plancher. Voilà une des causes de l'explosion de notre système carcéral. »

On a repris la route.

« Le problème majeur du système pénal américain est aujourd’hui le nombre de détenus. Les États-Unis incarcèrent un citoyen sur cent. En pourcentage, c’est plus qu’en Chine. »

ERIN ROSA,
JOURNALISTE
INDÉPENDANTE

« N'avez-vous pas remarqué que nous aimons le contrôle, que nous aimons la force ? En Amérique, notre truc, c'est de résoudre nos problèmes avec le bâton le plus grand que nous puissions trouver. Et ce grand bâton, dans le monde de la justice, ce sont les prisons. Voilà la recette parfaite d'une justice criminelle dominée par l'incarcération de masse. »

CHRISTIE DONNER,
DIRECTRICE DE LA
COLORADO
CRIMINAL JUSTICE
REFORM COALITION

Territorial Prison

À l'entrée ouest de Cañon City se tient la plus ancienne prison de la ville. Celle qui lui a tout donné, son visage, son cœur et son poumon, le Colorado Territorial Correctional Facility, ainsi baptisé du temps où le Colorado était un territoire, et pas encore un État, et où ses architectes n'avaient pas imaginé que la petite rivière qui partage l'enceinte en deux pourrait servir à tout un tas de choses. Six mois avant notre venue, un gardien y avait trouvé deux gros paquets de tabac qui flottaient et s'en allaient vers le marché noir. Dans la centrale, une cigarette s'échange contre 5 dollars ; une cartouche contre 300.

Le Colorado Territorial Correctional Facility, aussi appelé « Old Max » (la « vieille maximum »), offre une autre particularité (légale celle-ci) qui le rend unique : c'est la vitrine de toujours du savoir-faire industriel du Département des Corrections du Colorado. De ses hauts murs de pierres taillées à même la roche qui forme une des barrières naturelles du lieu, sortent chaque année deux millions de plaques minéralogiques. Depuis 1925, il y en a pour tout le monde et pour tous les goûts. Plaques standard, plaques pour les agences d'État du Colorado, plaques personnalisées (cent quatre-vingt-dix modèles différents, 25 dollars le supplément). Le symbole même de la prospérité de la région.

Dans cet atelier, le Département réserve les meilleurs salaires à ses meilleurs prisonniers : 50 dollars par mois, plus les primes. Au sous-sol, des handicapés physiques ou mentaux, tous détenus, glissent scrupuleusement des certificats dans leurs enveloppes.

À quelques mètres de là, on entend le va-et-vient des voitures vers l'ouest ; elles semblent toutes emporter un peu de prison en elles. Les plaques minéralogiques, ici, c'est le *drive in* de la détention.

SMALL
SMALL
JUMPSUIT
JUMPS

MEDIUM
MEDIUM
X-LARGE

« On ne devrait pas créer une industrie de prisonniers. Les Américains ont une “mentalité de fabrication”. On a externalisé une grande partie de notre production de voitures, vêtements, chaussures et appareils. Aujourd’hui, la plupart des produits qu’on achète sont importés. Donc il nous reste quoi, aux États-Unis ? On s’est mis à exploiter nos détenus pour compenser l’échec de nos usines. »

BUFFIE MCFADYEN,
SÉNATRICE DÉMOCRATE
DU COLORADO

11-1-
25

ACE

« Un des changements survenus dans la ville est l'augmentation soudaine des prix de l'immobilier quand sont arrivées des centaines de nouvelles familles d'employés de prison. Maintenant les prix sont plus normaux. Mais pendant une petite période, c'était très dur de pouvoir se payer une nouvelle maison, ici, dans le comté. »

DEBBIE BELL,
JOURNALISTE
AU *CAÑON CITY DAILY RECORD*

LICENSE PLATES
DEALERS FULL USE
FROM: 526 EYZ
TO: 600
LICENSE PLATES
DEALERS FULL USE
FROM: 601 EYZ
TO: 675
LICENSE PLATES
DEALERS FULL USE
FROM: 676 EYZ
TO: 750 EYZ

Brenda, dont Halina, la femme du Riviera Motel, nous avait tant parlé, est enfin arrivée. « Elle est si belle », avait insisté la gérante. Le matin de notre rencontre, Dieu que Brenda l'était : si jolie, et si menue. Si jeune, et si seule. Nous sommes convenus de nous revoir le soir. Brenda devait revenir de la prison de son mari. Cassée.

L'épouse de détenu (elle : vingt-huit ans ; lui : trente-deux, le lendemain même) nous parla d'emblée des kilomètres qu'elle avalait, et des vidéos de sa fille qu'elle tournait pour que son mari, plus tard, la voie grandir, « d'un coup ».

Brenda fumait clope sur clope, ne voulait pas s'arrêter. « La première fois, j'ai téléphoné à sa mère... Je n'avais pas envie d'y entrer. Mais vous vous en remettez. Ce n'est pas aussi dur que vous l'imaginiez. Vous entrez, et vous vous dites : "D'accord, je peux respirer, il va bien." Venir n'est pas le plus dur. Repartir est le plus dur. »

Chambre 16, il y avait aussi Sandy, une amie, un peu plus grande, un peu plus blonde, muette. Son père est en taule, la même que celle du mari de Brenda, la fédérale « *minimum security* », là-haut, au cœur du complexe fédéral des prisons. L'avantage d'être à deux, c'est que les frais sont divisés par deux. « On ne se connaissait pas avant cette histoire, dit Brenda. Nous sommes de la même ville. Nous habitons à moins de quinze minutes l'une de l'autre. La plupart du temps, ce sont des mères isolées qui visitent leurs maris. Donc vous cherchez des moyens pour faire des trajets moins chers, trouver des vols moins chers. »

Au fond de la chambre 16, leurs filles respectives, cinq et huit ans, s'endormaient. À la télé, il y avait des promos pour tout. Dentifrice, Wal-Mart, Lexus.

Brenda nous dit que c'est la première fois en deux ans que quelqu'un lui parle vraiment à Cañon City : « Posez-moi toutes les questions que vous voulez. » C'est un torrent. « Vous savez comment on appelle cette région ? demande-t-elle. "Prison Valley." » Elle venait de nous donner le titre du film, et du livre.

Après, on l'a embrassée. Plus tard, on a su : sa franchise heurterait de nombreux habitants. Ils ne pouvaient comprendre que Brenda n'avait rien contre eux, individuellement, mais qu'elle méprisait ce que la vie et leur ville lui avaient pris.

TEL
VIERA
136
MOTEL
DRIVE
ONLY
SPEED

« Comme un divorce »

Je suis originaire de Kansas City ; mon mari est de l'Iowa. Quand il est arrivé ici, c'était comme un divorce. Je venais une fois par mois, ses parents aussi, mais... ça coûtait très cher. Ça dépend si on vient en voiture ou par avion. Je n'avais pas les moyens de venir souvent, donc ses parents emmenaient notre fille le voir. Et ça marchait très bien. Je venais tous les deux mois, mais elle, elle voyait son père toutes les quatre ou six semaines. Ensuite, mes beaux-parents ont été fauchés par un conducteur ivre. Maintenant, nous lui rendons visite tous les deux mois. C'est difficile pour ma fille, parce qu'elle ne voit plus son père comme avant.
Quand je rentre chez nous, je ne pense pas à cet endroit. Je parle à mon mari tous les jours au téléphone. Et nous faisons comme s'il était en vacances quelque part... Je suis gosse de militaire, mon papa n'était pas toujours présent. Et je m'en sors ainsi. C'est triste, mais... vous apprenez à vous en sortir. C'est votre mode de vie.

Les visites

Parfois, les gardes sont cools ; parfois non. Vous savez, nous ne sommes pas des criminelles. Nous sommes là pour rendre visite à nos hommes, et nous sommes considérées comme coupables. Aujourd'hui, je m'étais garée pour attendre de pouvoir entrer. Comme nous n'avons pas le droit d'apporter nos sacs, juste une certaine somme d'argent, j'avais mis mon sac dans le coffre.

Je suis sortie de ma voiture pour y prendre quelque chose, et ils m'ont questionnée : pourquoi étais-je sortie de ma voiture ? Je n'étais pas encore dans la propriété de la prison fédérale quand je suis sortie de ma voiture, j'étais sur l'autoroute. Mais ils voulaient m'interroger. Nous sommes soupçonnées tout le temps. Ce n'est pourtant pas nous qui avons eu des ennuis avec la justice. Tous les gardes ne sont pas mauvais. Il y a un mec génial, et je l'adore mais… je veux dire, la plupart… vous savez, quand nous avons fini notre visite ils choisissent au hasard une personne à qui ils font subir une fouille corporelle… La salle n'est pas très grande, elle peut contenir une centaine de personnes environ. Et vous êtes côte à côte avec celui à qui vous rendez visite. Si c'est votre mari, vous pouvez le serrer dans vos bras et l'embrasser quand vous entrez, et quand vous sortez. Suivant le garde, nous avons la permission ou pas de nous tenir par la main. La plupart du temps, nous sommes assis, comme vous l'êtes, là, côte à côte, sans nous toucher. Elle, ma fille, a la permission de jouer avec lui. Elle peut lui faire un câlin. Mais… nous n'avons pas de temps. Avec ou sans garde. Donc c'est comme si toutes vos émotions étaient…

La condamnation

Tout le monde clame que son mari ou son proche est innocent. Dans notre cas, ils n'ont jamais rien prouvé. C'était un délit en col blanc : une fraude. Et ils l'ont condamné à dix ans et demi. Nous sommes à dix heures et demie de route de chez nous.

16

Mon mari n'a jamais eu d'ennuis, avant ça. Jamais. Je veux dire… il n'a tué personne. Je suis opposée à tout ça. Renvoyez-le chez lui, avec un bracelet électronique à la cheville, faites-lui faire un travail d'intérêt général. Sa libération est prévue pour environ 2017.

Fremont County

Je n'emménagerai pas ici. J'y suis opposée. Ils devraient transférer mon mari, il y a une prison à quarante minutes de chez moi. Pourquoi devrais-je donner de l'argent à une communauté qui est soutenue par des prisons auxquelles je suis opposée ? Ils profitent de notre situation. Les choses coûtent plus cher ici. C'est plus économique d'avoir une glacière. J'ai deux glacières, dont une petite pour la route ; je ne m'arrête donc que pour acheter de l'essence et aller aux toilettes. Et j'apporte une grande glacière pour notre nourriture. Cette ville pourrait aller se faire foutre. Mais la plupart des gens ne s'en rendent pas compte. Les « *newbies* » (« débutants ») – on appelle ainsi ceux qui ne sont venus qu'une fois ou deux – font tout localement. Ils achètent leur nourriture, mangent dans les restaurants, restent dans les hôtels. Mais ça finit par changer.

« Prison Valley »

Les gens ici, c'est méchant de le dire, mais ils sont plutôt vulgaires. Ils gagnent tout cet argent, mais ne s'occupent de rien. Leurs maisons sont miteuses.

Si la prison n'était pas ici, il n'y aurait rien ni personne, parce qu'ils n'ont rien d'autre à offrir. Le surnom de cette région est « Prison Valley ». Il n'y a rien, littéralement rien ici. Sans mon argent, et l'argent de toutes les autres familles, cette ville serait fauchée.
J'ai parlé avec beaucoup de gens du coin, je les ai rencontrés, j'ai dû faire ma lessive à la laverie automatique, j'ai dû nettoyer ma voiture ici, j'ai dû me fondre dans la foule ici. Et ça ne gêne personne d'être entouré de prisons. Ils se sentent en sécurité ici.
C'est une impasse. Ils adorent prendre votre argent, mais n'ont aucun respect pour vous. Ils pensent que vous êtes coupable parce que vous venez rendre visite, ici, à quelqu'un qui, selon la société, est coupable. Sans connaître votre cas, sans rien savoir, ils sont d'emblée distants.

Le Riviera Motel

La dame qui gère le Riviera, je n'ai aucune idée de son prénom. Mais quand je l'appelle, elle est géniale. Elle a toujours été agréable avec nous. Elle fait des merveilles. Normalement je prends une petite chambre, la moins chère, mais parfois, elle me met dans une chambre plus grande, pour à peu près le même prix, quand l'hôtel est complet. Elle est ici pour gagner sa vie, mais ne profite pas de la situation. Elle est merveilleuse. Je l'appelle, parfois elle me reconnaît ; d'autres fois, non. Je lui dis : « Je suis celle qui vient tous les deux mois ! » Et elle : « Oh, oh, d'accord. » De par sa proximité avec la prison, elle pourrait demander bien plus que le prix qu'elle affiche. Mais elle comprend que c'est difficile pour tout le monde...

La chambre à gaz

Le lendemain matin, on s'est réveillés au Riviera. Et on n'y a pas cru. Un dépliant nous invitait à purger notre peine dans un musée. Le musée des Prisons. Avec ses deux cent vingt-cinq mille visiteurs en dix ans, ses murs d'ancien pénitencier pour femmes, ses ciseaux, sa chambre à gaz, ses tables de pique-nique. Ça donne du goût, la mort, à ce qu'il paraît.

C'est unique au monde. À intervalles réguliers, on entend des consignes par haut-parleurs. Ça vient du ciel, c'est pour de vrai. Ça vient du mur mitoyen. Celui d'une prison, en activité celle-là, celle des plaques minéralogiques, le Territorial Penitentiary. Tarifs du musée : 7 dollars pour les adultes, 6 dollars pour les 65 ans et plus, 5 dollars pour les enfants.

On a filé.

« Je ne sais pas pourquoi la mort semble si fascinante à tout le monde. Mais tout le monde adore la chambre à gaz, vous savez. Les visiteurs veulent toujours voir la chambre à gaz, et la maquette de la table des injections létales. »

KAY ELLISON,
DIRECTRICE DU COLORADO MUSEUM OF PRISONS

984
NONIA
10-52

« Jeu d'échecs en papier toilette confectionné par un détenu. Cet échiquier est considéré comme de la contrebande »

« Cellule n°1 sponsorisée par Pepsi-Cola »

« Colorado Springs a dû fermer des entreprises informatiques et de technologie, à cause de la crise. Nous, nous ne pouvons pas fermer les prisons. C'est comme un hôpital, c'est 24 heures sur 24, 7 jours sur 7. »

KAY ELLISON,
DIRECTRICE DU COLORADO MUSEUM OF PRISONS

PLEASE DO NOT SIT OR STAND INSIDE GAS CHAMBER!
The Chamber is unleveled and may tip over!
hank you for understanding

« Ne pas entrer, ne pas s’asseoir dans la chambre à gaz. Merci. »

Fête au village

Dans le comté de Fremont, jour après jour, une couleur se démarquait, l'orange. La couleur de l'argent, la couleur des prisonniers, la couleur de la splendeur d'antan de la région : les murs du motel, les clés du motel, le plateau du motel, le balai du motel, la feutrine des billards, les rotatives du *Daily Record*, le quotidien du coin, le train à touristes, qui grimpe dans les gorges royales, les tenues une-pièce de certains prisonniers (*orange jump suits*), les boîtes aux lettres.

Le jour de la parade annuelle, sur Main Street, Florence, Colorado, l'orange était partout. Sur les antiques tracteurs comme sur les banderoles ; dans la fanfare comme sur les chars.

Mais cet orange semblait appartenir au passé, à la mémoire délavée, à la manière des habits de cow-boys du grand-père qu'on avait ressortis comme pour conjurer le sort. Comme pour rappeler à soi la prospérité, elle qui s'était barrée avec la crise. « *It's recession time* », dit l'Amérique, qui aime dire les choses comme elles sont.

« Des milliers d'employés travaillent pour le Département des Corrections du Colorado et pour le Bureau fédéral des prisons. Ce sont des salariés fantastiques, très professionnels, qui adorent leur travail... Mes enfants connaissent les leurs, ils sont allés ensemble à l'école. Ils font leurs courses ici, ils habitent ici, ils achètent leur maison ici, ils ont un impact économique important, mais aussi social. Nous les accueillons à bras ouverts, nous adorons les avoir ici. »

DEBBIE BELL,
JOURNALISTE
AU *CAÑON CITY DAILY RECORD*

Une industrie stable

On nous avait fait part des talents d'Ed Norden : orateur-né, notable respecté, élu carré. Pendant vingt-deux ans, Ed Norden a officié sur la radio locale KRLN/Star Country 104.5. En un regard, tout était dit : Ed Norden, le représentant du troisième district du comté de Fremont, jouerait franc-jeu avec nous. Il n'avait rien à cacher, tout à défendre. Au milieu de la rencontre, Ed Norden, Républicain comme le shérif Beicker, froid comme un Nixon, lâcha cette phrase, qui allait marquer à jamais notre périple : « Il est important de savoir que quand une récession frappe, comme celle qui vient de frapper l'Amérique, et le Colorado, et le comté de Fremont, et que l'on a une industrie telle que celle des prisons, ces emplois-là ne risquent pas d'être perdus. On ne va pas rendre la liberté aux prisonniers pendant une récession. »

Ça aurait pu s'appeler le style Cañon City. Une industrie, celle des prisons, qui a longtemps tourné à plein régime, sans se poser trop de questions. La demande ne cessait d'augmenter, les condamnations pleuvaient de tout le Colorado ; l'offre suivait, les prisons poussaient comme des puits de pétrole. Puis, la crise économique est arrivée et les prisons se sont parées d'une nouvelle vertu. Bon an mal an, elles ont agi comme un rempart face au mal qui s'est mis à ronger le pays tout entier : la crise économique. Sauf qu'on sent bien que le rempart commence à se fissurer. Il n'y a qu'à regarder autour de soi : ces vieilles bagnoles qui ressortent du garage et du dernier âge d'or (des modèles années soixante-dix), tandis que les neuves semblent comme ventousées sur les parkings des concessionnaires, faute d'acheteurs. Il n'y a qu'à lire cet écriteau sur la porte d'entrée des bureaux administratifs du comté, fermés un jour de la semaine, en plus du week-end, « pour cause de déficit budgétaire ».

« Le Colorado est un État plutôt rural qui consacre une somme folle, 1 dollar sur 9, pour payer les prisons. C'est un coût énorme. »

CHRISTIE DONNER,
DIRECTRICE DE LA COLORADO CRIMINAL JUSTICE REFORM COALITION

« Nous avons observé un impact économique positif lors de la construction des prisons. Quand une entreprise propose de verser des milliers de dollars aux ouvriers du chantier d'une prison, pendant dix-huit mois, voire deux ans, ça ne se refuse pas. Car, tout le temps de la construction, ces ouvriers vont consommer, manger au restaurant et acheter de l'essence chez nous. »

ED NORDEN,
ÉLU RÉPUBLICAIN
DE FREMONT COUNTY

« Les banques ont reçu des milliards. Et elles ont maintenant besoin d'apurer leurs comptes une bonne fois pour toutes. Et pour vous, c'est une excellente opportunité. Chez Credit Answers, nous vous proposons de découvrir gratuitement comment régler votre dette à l'aide de plans de remboursement conçus sur mesure pour vous. Appelez simplement le 1-800-400-0705. Ne vous mettez pas en faillite personnelle. Vivez mieux ! Sans dettes ! »

SPOT DE PUBLICITÉ À LA RADIO LOCALE

« Le bon côté de la récession, c'est qu'elle va forcer le gouvernement fédéral et les gouvernements locaux à restructurer nos systèmes carcéraux à travers tout le pays. Et à se demander pourquoi nous avons autant de personnes qui finissent en prison. »

BUFFIE MCFADYEN,
SÉNATRICE DÉMOCRATE
DU COLORADO

L'ami américain

C'est au Louie's Bar qu'on a croisé Gary, cinquante et un ans, chauffeur routier au chômage, dix-huit ans dans la Navy, « mais c'est loin ». Au Louie's Bar, il y avait la guerre d'Irak à la télé, et, sur les murs, la guerre d'Irak en photos, comme ce cliché d'un drapeau américain flottant sur Bagdad, en l'honneur du troquet.

Gary était accoudé là et, comme tout le monde, il s'en cognait de la guerre d'Irak ; sa grande carcasse trahissait l'époque : la solitude, la récession, les laissés-pour-compte d'une industrie, celle des prisons, qui montrait ses limites. « Je n'aime pas les grandes villes. Ici, à Florence, à Cañon, tu peux trouver quelqu'un pour t'aider. Tu ne trouves pas de vrais amis dans les grandes villes. Dans les petites villes, tu trouves de vrais amis. » Gary, c'est le bon gars au bout du comptoir. Le symbole de l'Amérique souriante avec un genou à terre. Il nous disait que personne ne voulait l'embaucher. Gary avait raté le concours d'entrée des gardiens de prison (« Il ne faut pas être amical avec les prisonniers. J'étais trop amical »). On lui a offert une bière ou deux, et on a plaisanté avec lui, avant de se saluer.

Circuit fermé

Un matin, sur l'autoroute, à l'entrée du East Cañon City Complex des prisons d'État du Colorado, on a croisé des hommes poussant des tondeuses. Gestes lents, inutiles : l'herbe, ici, n'est pas haute, la faute au soleil. Les hommes portaient des chasubles fluo orange et jaune. Au pochoir, sur leur dos, il était marqué « *DOC Inmate* » pour « Prisonnier du Département des Corrections ». D'un côté, le bruit de la tondeuse ; de l'autre, le silence de la honte solitaire. On apprendra plus tard que d'autres détenus abattent parfois des arbres le long du fleuve Arkansas, débroussaillent les bas-côtés des routes, ou démolissent quelques bâtisses abandonnées.

Ce matin-là, nous avions rendez-vous au Fremont Correctional Facility, l'une des sept prisons du complexe, niveau de sécurité moyen. Nous avions correspondu avec l'un de ses détenus, ou plutôt avec la sœur d'un détenu qui lui passait nos messages. Douglas Lloyd Micco, quarante-six ans, un Amérindien « pur sang », comme il disait. Douglas a été condamné pour kidnapping et viol d'une de ses amies, crimes qu'il nie farouchement. Dans ses missives, Douglas nous avait expliqué ce que ça voulait dire de vivre ici, d'être un « *maximum-closed custody security inmate* ». « Ce statut, nous avait-il écrit, est déterminé selon la condamnation, le niveau de classement du crime, le passé criminel et la date d'admissibilité de la liberté conditionnelle, etc. Les classes sont : minimum, 7 points ou moins ; *minimum-restrictive,* 8 à 16 points ; intermédiaire, 17 à 35 ; fermé, 36 et plus. J'ai commencé ma peine avec 96 points. J'ai travaillé dur pour les réduire à 39. Ça signifie que je suis encore limité dans ma mobilité. Je ne peux pas travailler dans des usines à l'extérieur. Quand je me rends aux rendez-vous médicaux à l'extérieur, je suis séparé des autres prisonniers, je n'ai droit à aucun contact avec eux. Je suis enchaîné, menotte attachée au sol : je ne peux pas bouger dans le bus.

7

6

NO
INMATE
ACCESS

Les gardiens sortent leurs armes pour m'escorter jusqu'au bureau du médecin. C'est le seul moment où j'ai l'impression d'être dans un film de prison. Quand je suis escorté à l'hôpital, toute activité s'arrête, jusqu'à ce que je sois en sécurité. C'est le moment où les gens me voient. Ils me regardent avec peur. Je reste poli et coopératif car c'est la façon la plus facile et la plus rapide d'obtenir des avantages. Finalement, j'adopte le principe du "va doucement avec eux, ça sera plus facile pour toi". »

Le Fremont Correctional Facility est non seulement la plus importante centrale d'État du Colorado en nombre de détenus (1 661), c'est également celle qui fournit le plus de main-d'œuvre : 507 prisonniers y travaillent, notamment à l'atelier d'ébénisterie. Ces hommes empochent un maximum de 80 dollars par mois, primes comprises. Tous sont formés et tous sont volontaires. Les meubles peuvent être achetés sur Internet ou dans un show-room à Denver ; la plupart finissent dans les lycées ou dans des bureaux des organismes publics.

Dans la *tool room*, la pièce des outils, un vieux détenu nous souriait. À lui comme aux autres, on venait d'annoncer que nous ne souhaitions pas montrer son visage. Dès qu'on entrait dans une cellule, une pièce commune, un atelier, un réfectoire, un couloir, une cour, un sas, c'est ce qu'on criait : « *We won't show the faces* », on ne montrera pas vos visages. Nous n'étions pas là pour ça, mais pour comprendre un système. Le préposé au comptage et recomptage des clés de douze nous a regardés comme si nous étions un peu fous. C'est à cet instant qu'il s'était mis à rire et à se moquer de nous – avec raison : « Vous pouvez montrer mon visage ! Tout le monde sait bien que je suis là ! » Derrière lui, les enceintes d'un ordinateur crachotaient le « Seven Nation Army » des White Stripes. Dans un murmure, un détenu nous a expliqué sa satisfaction à bosser ici, et la dureté du règlement : à la moindre incartade, au moindre écart, on redescend en bas de la longue liste des candidats au travail.

« Accès interdit aux détenus. »

Cela fait plus de trente ans que l'État du Colorado a élevé le travail des prisonniers au rang d'industrie, via sa filiale Colorado Correctional Industries (CCI). Son catalogue est impressionnant, les CCI façonnent et commercialisent filtres à air, drapeaux, matelas, produits en cuir, en métal, meubles de bureau, sacs plastique, fauteuils, panneaux de signalisation, nourriture pour cantines, services de construction et maintenance des prisons, imprimerie, recyclage, webdesign, transports, produits de la ferme, laiterie, pisciculture, miel, fleurs. À l'origine, la motivation de l'administration pénitentiaire était triple : enseigner « une éthique du travail bien fait » aux prisonniers, faire du profit, et, surtout, baisser les coûts de fonctionnement, genre cuisine et blanchisserie (draps, uniformes, etc.). En 2006, les CCI ont annoncé 16,5 millions de dollars de bénéfice et « 6 millions de dollars économisés par le contribuable ».

En contrebas du Fremont Correctional Facility, notre guide s'était mis à nous désigner l'horizon, et les places les plus prisées par les détenus-travailleurs, celles du dressage de chevaux. À perte de vue, deux mille deux cents mustangs sauvages, attrapés au lasso par hélicoptère dans les plaines du Colorado, de l'Arizona, du Nouveau-Mexique, de Californie ou du Nevada. Dressées par des condamnés pour vols mineurs ou petits trafics de drogue, 75 % des bêtes finiront à la frontière mexicaine, où elles seront montées par les patrouilles de police américaine.

Dans une autre prison, ce sont des chiens que les prisonniers dressent. Certains rejoindront la brigade cynophile de la police new-yorkaise, dans le cadre de la lutte contre la drogue.

« Nous fabriquons des opportunités. »

« L'argument des prisons, c'est de dire qu'elles sont neuves, brillantes, nettes, qu'elles ne sont pas comme Alcatraz, que les gens ne sont pas retenus dans des donjons. Mais quand vous grattez les couches de marketing, ça reste des chambres de torture de mon point de vue. Je ne suis pas sûre qu'ils le fassent exprès, qu'ils se disent : “Comment pouvons-nous créer une prison la plus cruelle et la moins humaine possible ?” C'est la technologie qui en est la cause. Et nous adorons la technologie. Et nous sommes prêts à payer le prix du manque d'humanité. Au point de détruire des familles. »

CHRISTIE DONNER,
DIRECTRICE DE LA COLORADO CRIMINAL JUSTICE REFORM COALITION

Au bout d'un couloir du Fremont Correctional Facility, il y avait mieux encore. Il y avait un bruit assourdissant, du noir partout, et des étincelles, un vacarme pas possible et des meuleuses qui chantaient, c'était la métallerie de la prison. La rumeur de la ville disait donc vrai, le shérif ne nous avait pas menti, tout était donc possible à Prison Town : des prisonniers construisaient bien des cellules. C'était comme si l'industrie de la prison avait trouvé la martingale parfaite. Le client devenait fournisseur – et le fournisseur proposait une main-d'œuvre à prix discount, sans concurrence.

Pour savoir où les cellules finissaient, il suffisait de suivre les Fenwicks et de revenir sur nos pas. À l'endroit même où l'on avait aperçu les tondeuses quelques heures plus tôt, une petite piste partait vers un immense chantier. Celui de la future prison de très haute sécurité Colorado State Penitentiary II, le *nec plus ultra* en matière d'enfermement. On y voyait des centaines d'ouvriers du bâtiment, tous corps de métiers confondus. Parmi eux, une vingtaine totalement à part, avec interdiction de les photographier. Ceux-là portaient un casque de chantier, mais aussi un uniforme différent des autres ouvriers. Un uniforme vert. Quand on les saluait, ces hommes ne répondaient pas. C'étaient des prisonniers : ils poussaient des petits chariots pleins de gravats dans les couloirs du futur méga-pénitencier. La nuit, ils dormaient à Four Mile Correctional, une maison d'arrêt toute proche. Toute la vie semblait en circuit fermé.

Le contremaître qui nous accompagnait caressait parfois les murs en répétant : « Ça, c'est du béton armé. On le fait venir de Denver. On l'assemble ici comme un Lego. »

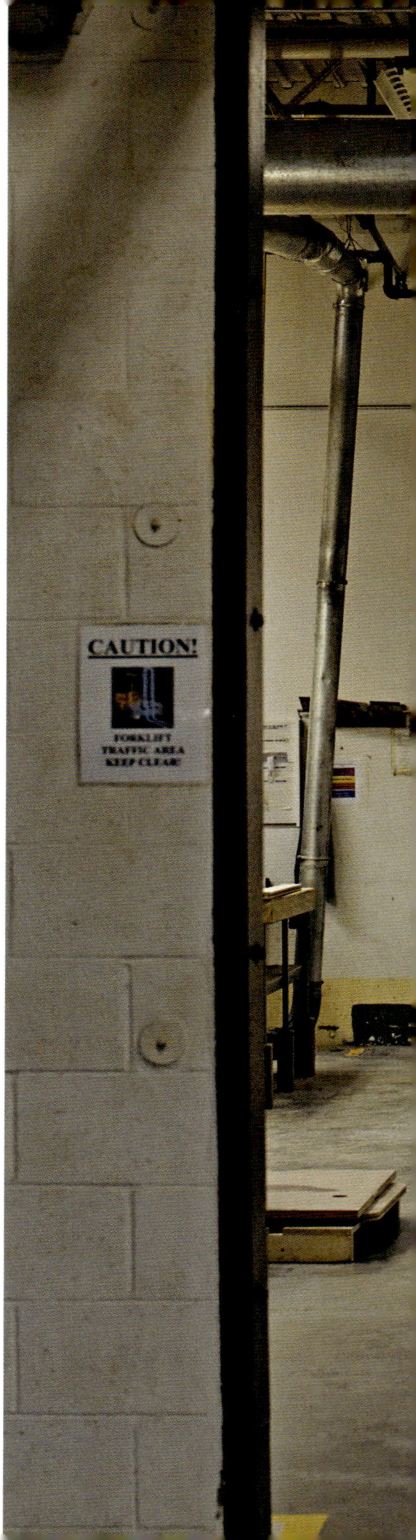

HEARING PROTECTION REQUIRED HERE
FORK LIFT TRAFFIC AREA
EYE PROTECTION REQUIRED
68
67
HYSTER

« Les prisonniers de Colorado State Penitentiary II seront soumis à un régime très strict. Ils n'auront pas le droit de visite. Pas le droit de téléphoner. Les prisonniers sortiront pendant quarante-cinq minutes, ou une heure, pour aller faire des exercices et prendre une douche. Et c'est tout. Ils n'auront aucun contact avec quiconque. C'est notre version de Supermax. »

KATHERINE SANGUINETTI,
PORTE-PAROLE
DU DÉPARTEMENT
DES CORRECTIONS
DU COLORADO

6yd
10

INVERTEC V350-PRO

Le Lego, c'était ces cellules, de moins d'une dizaine de mètres carrés chacune, coulées d'un bloc avec un lit couchette, un toilette et un pupitre, prévu pour accueillir un système flambant neuf dit « kiosque » avec moniteur, clavier, souris et casque. C'est par lui, et lui seul, que les futurs prisonniers recevront leurs visites. On appelle ça un « parloir vidéo ». L'écran du « kiosque » va également dispenser les programmes télé et permettre au personnel pénitentiaire et aux détenus de communiquer. La fonction de ce système high-tech est claire : limiter au maximum les déplacements des prisonniers, soumis au même régime que ceux de Supermax.

L'un des chefs de chantier nous annonça que la prison disposerait tout de même d'un véritable parloir, réservé aux visites des avocats. Mais l'homme ignorait où cet espace serait situé, une fois la construction achevée. Il avait les plans, mais il s'y perdait. Pour la peine, on a eu le droit de manipuler les crochets à vêtements, qui, comme les bouches d'aération, étaient à l'épreuve des suicides : si un poids trop important y est suspendu, les crochets comme les grilles tombent d'eux-mêmes, empêchant toute pendaison.

Nous allions de cellule en cellule, comme d'autres d'appartement témoin en appartement témoin. On imaginait le silence de demain. Les bruits de pieds aux portes, de têtes contre les murs. À la fin, notre guide s'est penché vers nous et, d'un air entendu, nous a demandé : « Alors, vous voulez une chambre ? Pour vingt ans ? » On sentait que l'homme avait déjà fait cette blague dix fois et que, dix fois, elle l'avait fait rire. Il ajouta : « Là, vous avez vue sur les montagnes. D'autres auront moins de chance ; ils verront le mur d'en face. »

« Les cellules ont été fabriquées par des prisonniers dans notre atelier de soudage. Nous les stockons sur le complexe des prisons. Les prisonniers ont également construit des cellules pour d'autres entreprises, pour certaines prisons privées, et pour d'autres États aussi. »

KATHERINE SANGUINETTI,
PORTE-PAROLE
DU DÉPARTEMENT
DES CORRECTIONS
DU COLORADO

« Les prisonniers ne savent pas où se retrouvera la cellule qu'ils fabriquent. Ils n'ont donc aucune raison d'essayer de glisser une lame dans l'une de ces cellules. C'est une main-d'œuvre bon marché pour le système des prisons. C'est très bien surveillé. C'est du travail bien fait. C'est une situation formidable pour tout le monde. »

DEBBIE BELL,
JOURNALISTE AU *CAÑON CITY DAILY RECORD*

Dernière évasion

Les Flumps sont quatre. Leur passe-temps : revisiter Nirvana, Dylan ou les White Stripes. Leur QG, c'est le magasin d'instruments Smashing Good Guitars, sur la rue commerçante de Florence. La première fois que nous avions entendu leurs larsens, ce devait être à la boutique, qui sert aussi de local de répétition. Les Flumps étaient la dernière raison d'être du rock'n'roll : tuer le temps à Cañon City, et nulle part ailleurs.

Durant notre voyage, les Flumps ont dû également jouer deux ou trois fois de l'autre côté de la rue, au Pour House Coffee, un des rares endroits cools de la ville. La signification de leur nom est un mystère, y compris pour eux-mêmes. Et c'est très bien ainsi.

Dans le genre bar de nuit, nous en fréquentions un autre, un peu plus loin, un peu plus moderne, et glauque, sur la rue principale. Le premier soir, les filles montraient leurs seins à leurs petits copains, entre le bar et la rue, l'interdit et l'ennui, le frisson et la culture *drunk*. On ne savait plus très bien qui était avec qui, ça se frottait, et ça dansait. Les gens nous demandaient : « *Are you gay?* », tout ça parce qu'on portait des chemises et une cravate. Le deuxième soir, une fille s'approche : « *Are you gay?* » C'est alors que les clients se sont mis à applaudir un groupe de gardiens de prison qui descendaient de Supermax. Enfin, pas tous les clients. Il en restait au moins un que le manège amusait moyennement. Quand les gardiens quittaient les lieux, ou quand les flics revenaient de leurs rondes, le jeune homme lâchait toujours : « C'est bon, on est en sécurité maintenant. »

À la jeune femme, on lui a finalement répondu que non. Elle était déçue : elle, elle était gay.

LIMITED LIFETIME

THE

« Partout où je vais, on me dit : “On n’embauche pas.” »

JOSH

26 ANS

WARNING

« Nous recevons des personnes du monde entier, et de tout notre pays, pour observer et étudier notre système. Certains de nos officiels partent à l'étranger pour aider notre Département d'État à la Justice, pour collaborer avec le Mexique, le Honduras, d'autres pays en voie de développement. Nous sommes certainement la crème. »

KATHERINE SANGUINETTI,
PORTE-PAROLE
DU DÉPARTEMENT
DES CORRECTIONS
DU COLORADO

Little Caesars
HOT-N-READY
$5.99
LARGE PIZZA
ALL DAY, EVERY DAY!
PEPPERONI
CANON
LIONS

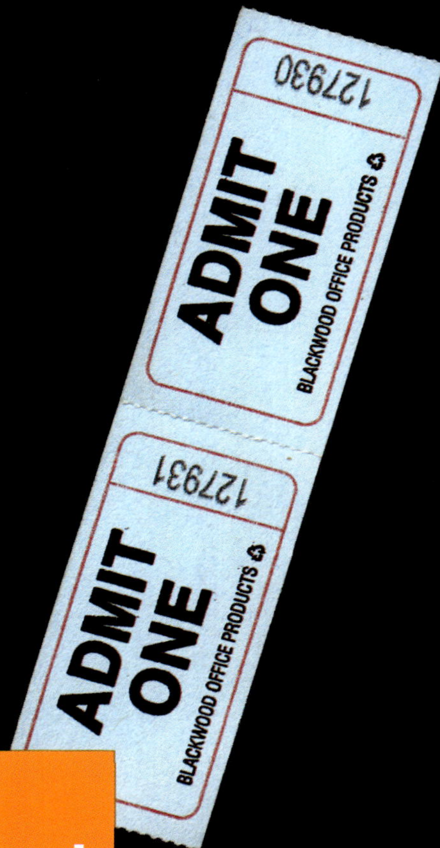

Hollywood, Colorado

Le film s'intitule comme il se doit : *Cañon City.* Il date de 1948 et a été tourné ici, en ville : l'affiche fait d'ailleurs de l'exploit son principal argument de vente : « *filmed with the naked fury of fact!* » (« filmé avec la force brute des faits ! »). Et en plus petits caractères : « *Where it actually happened. With people it happened to* » (« Là où c'est arrivé. Avec les gens avec qui c'est arrivé »).

Cañon City, le film, raconte Cañon City, la ville, terrifiée, quand, le 30 décembre 1947, le pénitencier d'État du Colorado a dû faire face à son évasion la plus spectaculaire. Douze hommes viennent de s'enfuir et courent déjà dans la neige : certains croupissaient dans le quartier d'isolement de la prison, appelé « la petite Sibérie ». Deux fugitifs seront tués ; les autres capturés. L'affaire est portée sur les écrans de cinéma six mois plus tard. Le film embrasse les styles et va asseoir la réputation de la ville. Tour à tour fiction, documentaire, thriller, drame, témoignage, exagération, *Cañon City* mélange les genres et les gens. Certains prisonniers y tiennent leur propre rôle et s'adressent directement aux spectateurs, face caméra, comme autant de confidences filmées *in situ.* En haut de l'affiche, un nom, Roy Best, le directeur de prison qui a le plus marqué le comté.

Le film sera projeté dès sa sortie dans l'auditorium du Colorado State Penitentiary. Succès garanti. Les détenus l'acclament et s'acclament, se moquant bien du message d'Hollywood : on ne s'évade pas impunément d'une prison de haute sécurité. Plus tard, le Colorado State Penitentiary se transformera à nouveau en décor naturel pour Robert Montgomery dans *Big House* (1930) et dans *De sang-froid* avec Robert Blake (1967).

À Cañon City, cinquante ans plus tard, peu de gens imaginent ce que la ville doit au cinéma.

Au temps du muet, Cañon City était pourtant un lieu qui comptait. Une sorte d'Hollywood, Colorado. Une troupe d'acteurs, venue de Chicago, y avait débarqué dès 1911. Le comté de Fremont, l'Arkansas River, les Rocheuses, le Royal Gorge au loin ; la petite gare de la petite ville de Florence et la Skyline Drive allaient faire la fortune de la Selig Polyscope Film Company.

Dans les années 1940, le vieil hôtel au nom si *frenchy*, Hôtel Saint-Cloud, au cœur de *downtwon* Cañon City, toujours debout en 2010, mais en vente, accueillera de nombreuses stars, comme Burt Lancaster ou Scott Brady. Plus tard, les étoiles hollywoodiennes préféreront le charme carré du motel Quality Inn, sur l'autoroute qui coupe la ville, avec sa piscine aujourd'hui un peu décatie, mais toujours là, elle aussi. John Wayne, John Belushi, Slim Pickens ou Charles Bronson « ont dormi ici », rappellent les portes des chambres qui donnent sur le premier couloir à droite.

En 1958, une fausse ville western est érigée à l'ouest de Cañon City : la Buckskin Joe Frontier Town. L'endroit, un décor artificiel à souhait, verra défiler Tom Selleck, Goldie Hawn, des équipes de cinéma de plus en plus B, et de télé de plus en plus Z, quelques brigades de publicitaires, et des cow-boys Marlboro, aussi. La Buckskin Joe Frontier Town est aujourd'hui un parc d'attractions un peu déglingue. Et le cinéma semble avoir déserté la ville pour de bon.

n Mason
er in the
assacre!
SKYLINE THEATRE
WED., THUR., FRI.. SAT.
April 27, 28, 29, 30
FILMED IN CANON CITY

SKYLINE
PRISON
ALLEY
OPEN DA
345 4100 F
NOW SHOWING
un-believ-able
matt damon is
The Informant!

SKYLINE
JULIE AND JULIA
RATED PG 13
Y CALL
R TIMES
606
POP
NOW SHOWING

La cérémonie

Au nord du comté de Fremont, du côté de Colorado Springs, de la musique nous attira. Comme chaque année, une foule rendait hommage aux surveillants de prison morts en service.

Comme chaque année, on égrenait des noms. On égrenait des vies. On citait des prisons, des émeutes, des rixes. Comme chaque année, des veuves pleuraient. Médailles diplômes, distinctions, c'est le « National Memorial Service ». Rituel parfait sous un soleil parfait.

Dans la foule, des gardiens de prison, du personnel pénitentiaire, des proches, venus des quatre coins de l'Amérique.

Le parc de Colorado Springs porte un nom optimiste : « America The Beautiful Park ».

Au loin, la circulation de l'autoroute 25 couvrait la voix du maître de cérémonie, et de la chanteuse. Au loin, la vie continuait. Vers le nord : Denver. Vers le sud: : la vallée des Prisons, via Pueblo, Colorado.

Les musiciens étaient des « officiers de correction », tous débarqués de la Grosse Pomme. Nom de leur orchestre : le New York Department of Corrections Pipe Band.

Et puis, il y avait le vent. Qui emporte tout : les témoignages comme les distinctions, les drapeaux comme les médailles d'honneur.

RRECTIONAL
FFICERS FOUN
CORRECTION
OFFICERS

Julie Penrose Foun
CORRECTIONAL PEA
FFICERS FOUNDATIO

La « *correction fatigue* »

Sur la carte de visite du Good Thyme Café, on distingue deux choses : un gâteau aux cerises, avec beaucoup de cerises et beaucoup de crème. Et ce slogan : *« We serve food fast, we don't serve fast food »* (« On sert vite, on ne sert pas du fast-food »). Au fil des jours, le Good Thyme était devenu notre cantine, au 412 Main Street, à Cañon City. À chaque fois, son patron, Christian Snelson, était là. En plein coup de feu, en plein sourire, arborant une improbable collection de tee-shirts de *bikers*. L'aînée de ses filles servait, sa cadette pliait des serviettes. « Je ne voulais pas monter un café-prison, lâcha Christian un midi. Je voulais que ce soit une sorte de restaurant familial. Pour faire une rupture nette. »

Ce jour-là, Christian s'était mis à nous raconter son passé de surveillant pénitentiaire, quand il transférait des numéros d'écrou d'un lieu de détention à un autre, quand il mélangeait la vie de prison et la vie tout court, la maison et le Colorado State Penitentiary, et qu'il parlait à ses filles comme à des prisonniers. « Quand on est gardien, on a l'habitude de jouer un rôle, et si on a des enfants, on a tendance à leur parler en leur disant juste “oui” ou “non”. Plus nos enfants grandissent, plus on devient sévère et on veut qu'ils obéissent au doigt et à l'œil. On se cache derrière un masque. On ne montre pas ses émotions parce qu'on est gardien. »

Le marché de l'incarcération était donc semblable aux autres. Derrière la prospérité et la stabilité vantées par les officiels, il y avait une autre réalité. Ce secteur-là avait aussi ses vices cachés, ses souffrances au travail, ses non-dits. Deux anciens collègues de Christian venaient de s'attabler. *Business as usual.* Mais pas seulement. Christian avait beau mettre du cœur derrière ses fourneaux, la présence des chemises bleues en disait long : on ne s'évade pas si facilement de Cañon City. La prison est coriace, elle se rappelle toujours à vous.

« Quand nous nous sommes installés, beaucoup de gardiens pensaient que nous étions des espions pour l'administration. Que nous allions découvrir qui se plaignait, qui se fâchait, pour les dénoncer. Certains responsables pensaient que nous allions intenter des procès, pour névrose traumatique. Ou que nous étions des agitateurs. C'était un début intéressant... Tout le monde était paranoïaque. »

CATERINA SPINARIS TUDOR,
PSYCHOTHÉRAPEUTE

NATE
WAS
HERE

Quelqu'un nous avait conseillé d'aller voir le docteur Spinaris. Le moment était venu. Au début des années 2000, la psychologue a mis au point le concept de *« correction fatigue »*. Caterina Spinaris Tudor l'a même déposé. La *« correction fatigue »* englobe tous les maux possibles de ceux qui vivent de la prison – gardiens, officiers, etc. : alcool, solitude, paranoïa, divorce. « Ils se considèrent comme des policiers tout le temps, comme des guerriers, dit la thérapeute. Qu'ils fassent leurs courses chez Wal-Mart ou passent la journée à Disney World, ils restent en patrouille, ils observent, ils surveillent, ils guettent le danger. Leur point de vue sur le monde change radicalement. Ils commencent à penser que tout le monde ment, les escroque ou essaie de les manipuler. Ils n'ont plus confiance en personne. Les gardiens s'isolent. Ils ne parlent pas à leurs voisins et sont très distants. Ils entrent dans leur voiture ou en sortent sans rien dire. Ils se coupent du reste du monde. »

Les bureaux de son institut, le Desert Waters Correctional Outreach, offraient le meilleur emplacement qui soit, au croisement de la rue principale de Florence et de la *highway* qui monte à Supermax, le carrefour des matons. Sur la grande table de réunion, une bannette proposait des bonbons et des brochures. Dans le fond de la pièce, un bénévole répondait au 866-YOU-VENT (866-968-8368), le numéro de la Corrections Ventline™, la hotline ouverte 24 heures sur 24, 7 jours sur 7, que le docteur Spinaris avait mise en place.

La version *clean* de l'enfer, ils avaient raison.

Gangs

Nous devions en avoir le cœur net, comprendre comment une ville entière pouvait s'accommoder d'un tel système, d'une telle présence des prisons. Plus on fréquentait d'habitants, tous chaleureux, et plus on repensait à Brenda, la femme de détenu. C'était comme si chacun avait ses raisons, sa logique. Comme si deux mondes se côtoyaient. La ville, et les familles de prisonniers. La sécurité en étendard, et les souffrances en dommages collatéraux. Derrière la routine, tout ne semblait être que regards par en dessous, haine rentrée, amitiés impossibles, à la manière de ce bus de prisonniers qu'on voyait foncer chaque matin, pour en libérer certains, en transférer d'autres, dans une prison ou sur un chantier. Un car d'aluminium, noir et blanc, tous phares allumés, superbe, frappé du sceau du *Department of Corrections*. Le chauffeur aimait son travail, le « meilleur job » qu'il ait jamais eu : « On est libre, en quelque sorte. » Les phares allumés, c'est un signal pour toutes les polices : « S'ils sont éteints, confia l'uniforme, c'est qu'il y a un problème. »

Cañon City, ça ressemblait à ça, une ville traversée par toutes les peurs de l'Amérique. Et les nôtres, aussi.

À la mairie de Florence, la doyenne de la municipalité nous attendait. On était venus justement pour comprendre une organisation, écouter chacun, ne juger personne. Dori Williams était impeccable. Elle se souvenait des émissaires du Bureau fédéral des prisons au tournant des années 1980-1990, venus chercher un lopin de terre reculé : « Les gens de la région étaient inquiets d'avoir une autre prison. Ce n'était pas la prison qui nous dérangeait, c'est une industrie nette... Disons que ça assurait des emplois... Mais certains membres de notre conseil municipal se sont inquiétés du fait que les familles des prisonniers pouvaient apporter des drogues et de l'alcool, et submerger les services médicaux de l'assistance sociale.

Le Bureau nous a assuré que lorsqu'une prison était construite dans une localité, s'il découvrait – car il a les moyens de suivre les familles à la trace – qu'une famille envisageait d'emménager à proximité, il envoyait *illico* le prisonnier dans un autre centre de détention. On n'a donc jamais connu ce genre de problèmes. »

À l'image de Dori, tous les habitants tenaient à nous rassurer. Le comté était sûr. On n'en doutait pas une seconde. Leur insouciance était justement ce qui nous intriguait. Tiraient-ils vraiment bénéfice de cette industrie carcérale qui cadenassait leur vie ?

« Si une évasion survient, la sirène sonne trois fois. Une fois, c'est pour les pompiers, un accident de voiture. À chaque fois que la sirène retentit, j'écoute si elle sonne une ou trois fois. Il arrive qu'elle sonne trois fois. »

CATERINA SPINARIS TUDOR,
DESERT WATERS CORRECTIONAL OUTREACH

« Beaucoup de gens viennent dans notre ville rendre visite à leurs proches ou à leurs amis. Nous devons savoir ce qui se passe autour des prisons. C'est toujours inquiétant quand des membres de gangs s'installent chez vous, se rapprochant de leur *boss*. Nous constatons de plus en plus de graffitis de gangs, de plus en plus de couleurs de gangs. Une de nos équipes tient un registre de tout cela. Elle les photographie tous, partout dans le comté. »

MICHAEL DELAURENTIS,
DÉTECTIVE, CRIMINAL INVESTIGATION RESPONSE TEAM CAÑON CITY

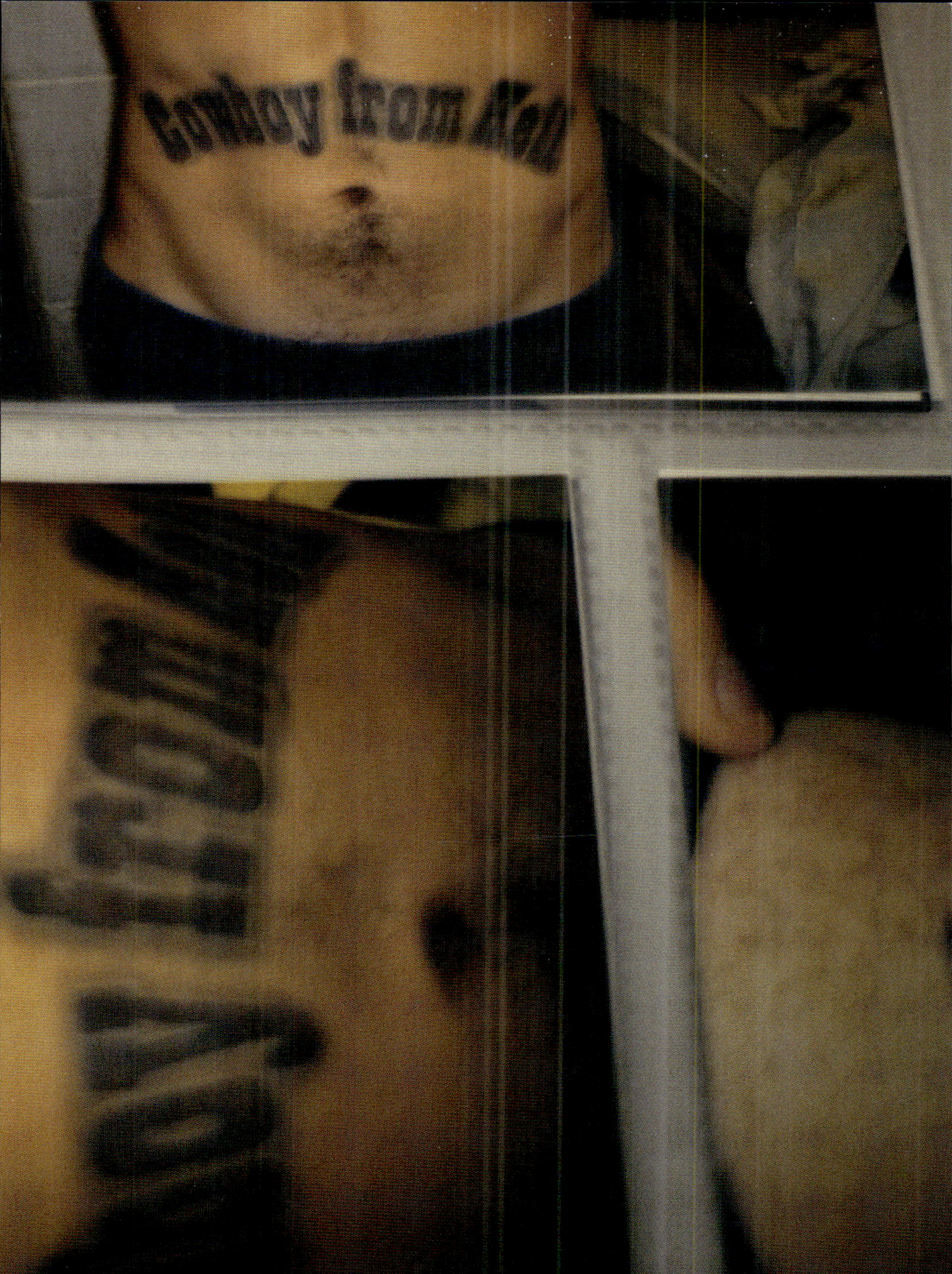
Cowboy from

Les fantômes

À Cañon City, l'Amérique des barreaux et de la peur, c'est aussi l'Amérique en crise. Plus les jours avançaient, plus cette crise se faisait prégnante. À l'image de cette prison des femmes, fermée définitivement une semaine avant notre arrivée en ville. Pour raison budgétaire : 5 millions de dollars d'économie sur les salaires et toutes les détenues transférées.

À force de grossir, et de parier sur la croissance, le système des prisons connaissait donc les mêmes tourments que la société américaine elle-même. Quelque chose ne tournait plus rond, la machine était grippée.

Au bout d'un couloir, ils sont apparus : Don et Donnell, deux des cinq derniers gardiens de la prison désertée. Des fantômes. Ultimes prisonniers du lieu, assignés ici pour protéger le matériel restant. Quelques jours plus tôt, Donnell nous avait barré la route quand le shérif Jim Beicker avait voulu nous montrer l'endroit. « Un jour, c'est sûr, dit-elle, la prison va rouvrir. » Le regard vague, Donnell ajoute : «C'était un *good job*, ici. » Elle raconte le jour où tout a basculé, où les grilles ont été verrouillées pour la dernière fois. « Les détenues pleuraient, elles voulaient rester, elles étaient déprimées. Pour nous aussi, les premiers jours, c'était étrange, ce calme, ce silence. »

206
207

EXIT
217
218

Prisons privées

Avant de quitter la ville, il nous restait quelque chose à comprendre. Une phrase lâchée par la porte-parole des prisons d'État du Colorado, à propos de cellules fabriquées dans les prisons publiques et destinées... aux prisons privées. Il fallait cerner ce que ce partenariat quasi commercial sous-entendait.

Frank Smith est arrivé pile à l'heure au Riviera Inn. Il venait d'abattre huit cents kilomètres d'une traite. Rien que pour ça, rien que pour nous, rien que pour partager son obsession : les prisons privées, qu'il préfère appeler « prisons lucratives », parce que « ça rend les choses plus claires », et parce que Frank a le regard malin.

Au téléphone, il nous avait dit de ne pas nous inquiéter : il voyagerait de nuit, il serait à l'heure, et ce ne serait pas long. « Je ne m'arrêterai que pour prendre de l'essence et pisser », avait-il soufflé. Frank Smith est comme ça, un militant de longue date, sur tous les fronts, toutes les routes. À peine a-t-il débarqué qu'il s'est mis à dérouler ses arguments : « Les prisons privées sont un prolongement du rêve capitaliste, au même titre que la machine de guerre. » Depuis 1996, dès qu'une prison privée s'installe quelque part, Frank fonce. Et débat avec les citoyens. À son tableau de chasse : trente et une prisons privées n'ont jamais pu voir le jour. Sa voiture, une vieille Contour Sport, 174 536 miles bien tapés, n'a plus de sport que le nom. Quand Frank s'est garé sur le parking, il a commencé par sortir un tournevis. Sa vitre avant gauche avait encore lâché.

« L'influence des prisons privées est immense, grommelle le vieil homme. Corrections Corporation of America, le plus grand organisme du secteur, dépense 3 millions de dollars en lobbying au Congrès. Partout dans le pays, ces entreprises font du lobbying auprès des élus municipaux ou d'État. Elles entendent tout exploiter, exploiter la main-d'œuvre, exploiter le processus politique, au détriment de tous, pour faire plus de profits.

« La prison privée est totalement hors de contrôle, elle ne rend de comptes à personne, elle n'est pas auditée. »

Au dernier recensement connu (2006), le privé aurait la main sur 7 à 10 % de la totalité des numéros d'écrou aux États-Unis. Corrections Corporation of America (CCA), dont Frank parlait sans cesse, affiche des bénéfices record depuis des années : 155 millions de dollars en 2009, pour 63 prisons gérées dans 19 États, soit 85 000 places. Nous avons beau avoir multiplié les demandes envers le CCA, ses réponses ont été catégoriques. Des réponses fermées, des réponses types. « Avec respect, bla-bla-bla, nous avons décliné votre demande de tournage, bla-bla-bla. »

Frank Smith continuait sa démonstration et, à tout prendre, on était fort bien là, avec lui, pour nos dernières heures dans les parages, autour de la toile cirée de la table de jardin du motel : « Les prisons privées gagnent de l'argent sur la durée de séjour des prisonniers. C'est pour cela qu'elles influencent les lois qui multiplient les causes d'arrestation et allongent les peines des détenus. »

À vrai dire, si Cañon City ne comptait pas de prisons lucratives à proprement parler, on les devinait partout, en embuscade. Comme autant de succursales privées d'un système public dont le comté de Fremont serait le poste avancé. La porte-parole des prisons d'État le reconnaissait sans peine : « Les différences entre les systèmes d'État et privé sont minimes. » Toutes les prisons privées du Colorado sont obligatoirement régies par les politiques publiques, pour une raison simple : depuis les années 1990, public/privé sont imbriqués et se partagent le même marché, celui de l'industrie carcérale. Le deal se résumerait à ça : le secteur privé prend à sa charge le coût de la construction des établissements pénitentiaires. En retour, le secteur public lui garantit des marchandises en flux tendu. Des prisonniers.

« Deux magistrats de Pennsylvanie ont été confondus dans une affaire de pots-de-vin de 2,6 millions de dollars, pour avoir fait emprisonner des enfants dans des prisons lucratives, pour de tout petits délits. Les entrepreneurs gagnaient beaucoup d'argent en gardant ces enfants enfermés. Ces enfants, qui n'avaient absolument rien fait de mal ou avaient commis un délit si mineur qu'ils auraient juste dû être collés à l'école, se sont retrouvés des mois, voire des années dans deux de ces prisons lucratives. Un énorme scandale a éclaté mais il a vite été étouffé, et on n'en parlait plus aux infos quelques semaines plus tard. »

FRANK SMITH,
FONDATEUR DU PRIVATE CORRECTIONS INSTITUTE

HP
KANSAS
FEB
10
909 AYV
Ford

3B

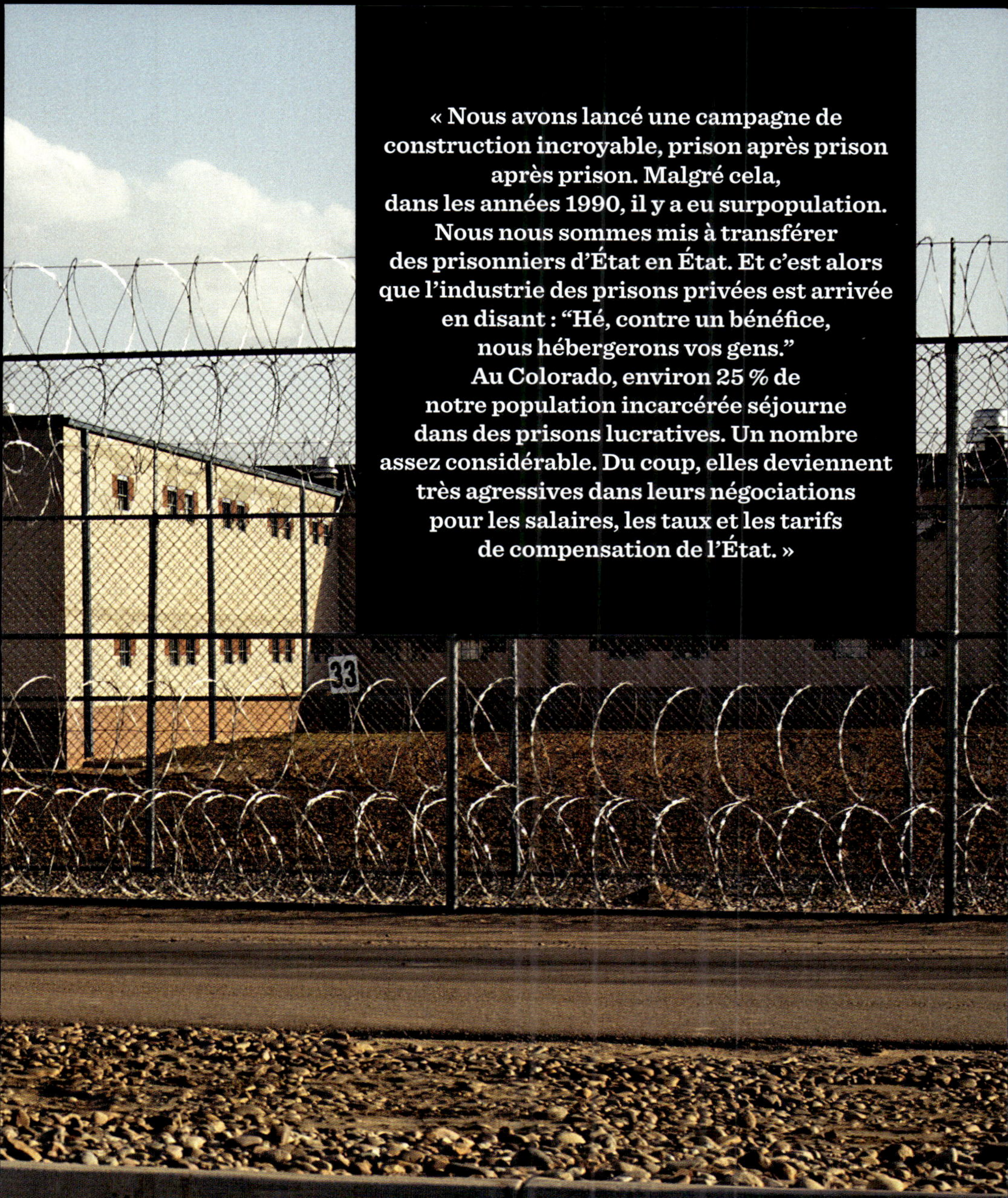

« Nous avons lancé une campagne de construction incroyable, prison après prison après prison. Malgré cela, dans les années 1990, il y a eu surpopulation. Nous nous sommes mis à transférer des prisonniers d'État en État. Et c'est alors que l'industrie des prisons privées est arrivée en disant : “Hé, contre un bénéfice, nous hébergerons vos gens.” Au Colorado, environ 25 % de notre population incarcérée séjourne dans des prisons lucratives. Un nombre assez considérable. Du coup, elles deviennent très agressives dans leurs négociations pour les salaires, les taux et les tarifs de compensation de l'État. »

Dans les Rocheuses

L'heure de notre ultime rendez-vous avait sonné. Nous voulions recueillir une parole de l'intérieur des prisons privées. Nous avons grimpé dans les Rocheuses, à deux heures de route de Cañon City. Et sommes arrivés au bout du monde, au bout du voyage, chez Donna Como : vingt ans dans les taules, dont un tiers dans les prisons privées et un passage chez les délinquants juvéniles.

À l'entrée de son jardin, on a buté sur des carcasses de voitures. La faute au propriétaire des lieux, un mécano du dimanche. Des ruines comme des symboles presque trop parfaits de ce qui nous attendait. Actuellement en procès contre l'un de ses anciens employeurs, un leader de l'incarcération privée, Donna nous a ouvert les portes de son refuge. Pour nous parler de ses peurs, de ses angoisses, de ce qu'elle a vu et trop vu, des coups reçus ici, d'une mutinerie là. Dans son chalet de bois, il faisait sombre. « C'est comme ça qu'on vit dans les montagnes », nous a-t-elle répondu, un œil sur l'écran de sa télé géante pour seule lumière du salon. L'hiver, ici, ça doit être rude, et long ; ça doit être beau aussi. Dorénavant, Donna Como travaille pour une entreprise du bâtiment. Et n'hésite jamais à témoigner contre les dérives d'un système carcéral qu'elle a longtemps servi : « Je comprends que les États et le gouvernement fédéral se trouvent dans des situations où ils n'ont pas les moyens de construire de nouvelles prisons. Mais il y a d'autres solutions... Changer les lois pénales risque de ne pas être apprécié par la population, mais c'est mieux que de continuer comme ça... À louer la vie humaine... »

Comment dire ? On était comme son visage, comme à bout de forces.

Dans le comté de Fremont, au loin, nos copains les Flumps donnaient un concert, encore un vestige, encore du Nirvana. *« All apologies / In the sun / In the sun / I feel as one* (Toutes mes excuses / Sous le soleil / Sous le soleil / Je me sens seul) »

RYE

On s'est retournés.
On a dit adieu.

Et puis, on a quitté la vallée
de la prison.

Épilogue

Huit mois après notre départ, lors de la sortie de notre film, nous avons reçu un mail d'Halina, la gérante du Riviera Inn. Elle nous disait n'avoir jamais revu Brenda. Depuis notre rencontre, la cliente n'avait plus franchi la porte de son motel.

Par gêne ou par respect, par timidité ou commodité, Brenda était l'unique personne que nous avions décidé instinctivement de ne pas filmer, ni de photographier de trop près. Brenda devait rester ce qu'elle était : une silhouette, une ombre dans la ville.

Plus tard encore, on apprendra par Allen Rexford, le syndicaliste de Supermax, que le surnom que Brenda avait donné à la ville, « *Prison Valley* », n'était pas une invention. À Supermax, c'est ainsi que les prisonniers désignent la région. Dans les rues de Cañon City, personne ne semblait le savoir, ou vouloir le savoir.

La petite histoire de *Prison Valley*

Prison Valley est une production hybride, à la croisée de trois expériences : la photographie (Philippe Brault), le documentaire (David Dufresne) et le développement Web (Upian Production).

Produit à Paris (France) par Upian et arte.tv, *Prison Valley* prend forme en décembre 2008. Dans sa boîte à idées, Philippe Brault retrouve un vieil article signé Jean-Paul Dubois sur une drôle et vieille ville du Colorado. Dans un café parisien, l'affaire est conclue. David Dufresne, vieux complice du premier, va enquêter à distance sur Cañon City. Au même moment, il découvre les webdocumentaires de l'agence Upian. En fait, tout le monde se connaît sans se connaître, depuis le temps, depuis le milieu des années 1990, où les uns et les autres s'activent sur les réseaux. L'aventure « *Prison Valley* » démarre dès les premiers instants. Puis le Centre national du cinéma accorde une bourse aux auteurs, qui partent sur place en juin 2009. Découvrent une ville, et un monde. Entrent dans les prisons. En poche : la Carte bleue de la maison de production Upian, qui croit dur comme fer au projet, à l'ancienne. Sur un coin de table, sur un coup de tête.

En septembre, c'est le second périple dans le Colorado. Arte qui s'engage pleinement dans l'aventure. Les premiers festivals. Le long montage du film et de ses ramifications, et, le 22 avril 2010, seize mois après le petit resto parisien, la sortie sur Internet de *Prison Valley*. Au printemps, les réalisateurs replongent dans leurs archives, épaulés par le graphiste Sébastien Brothier. Il faut revoir les photos, les trier, les agencer. Des clichés écartés pour le film s'imposent, tandis que d'autres disparaissent : on ne raconte pas deux fois la même histoire de la même façon. En septembre 2010, *Prison Valley*, le livre, sort.

BIBLIOGRAPHIE DES AUTEURS

Ouvrages de Philippe Brault
Œil Public, 15 ans d'histoires.
(collectif), Democratic Books, 2010.
Cela commence par...
Éditions Actes Sud, 1997.
Noms d'une France
(collectif), Éditions du Rouergue, 1995.

Ouvrages de David Dufresne
Big Brothers Awards : les surveillants surveillés
(ouvrage collectif), Zones, 2008.
Maintien de l'ordre : l'enquête,
Hachette Littératures, 2007.
La Guerre en couleurs
(avec René Jean Bouyer), Bayard, 2004.
Toute sortie est définitive, Loft Story *Autopsie,*
Bayard, 2002.
Flics et Pirates du Net,
Le Seuil, 2000.
Encore une nuit à Paris
(collectif), L'Harmattan, 1997.
Sur le quai. Six mois dans le métro,
Arléa-Corlet, 1996.
Noms d'une France
(collectif), Éditions du Rouergue, 1995.
Yo ! Révolution Rap,
Ramsay, 1991.

FILMOGRAPHIE DES AUTEURS

David Dufresne
Quand la France s'embrase, avec Christophe Bouquet (2007, Yami2 Production/France 2).

David Dufresne et Philippe Brault
Prison Valley (2010, Upian/Arte).

La population carcérale américaine comparée aux 36 plus importantes populations carcérales européennes (années variables)

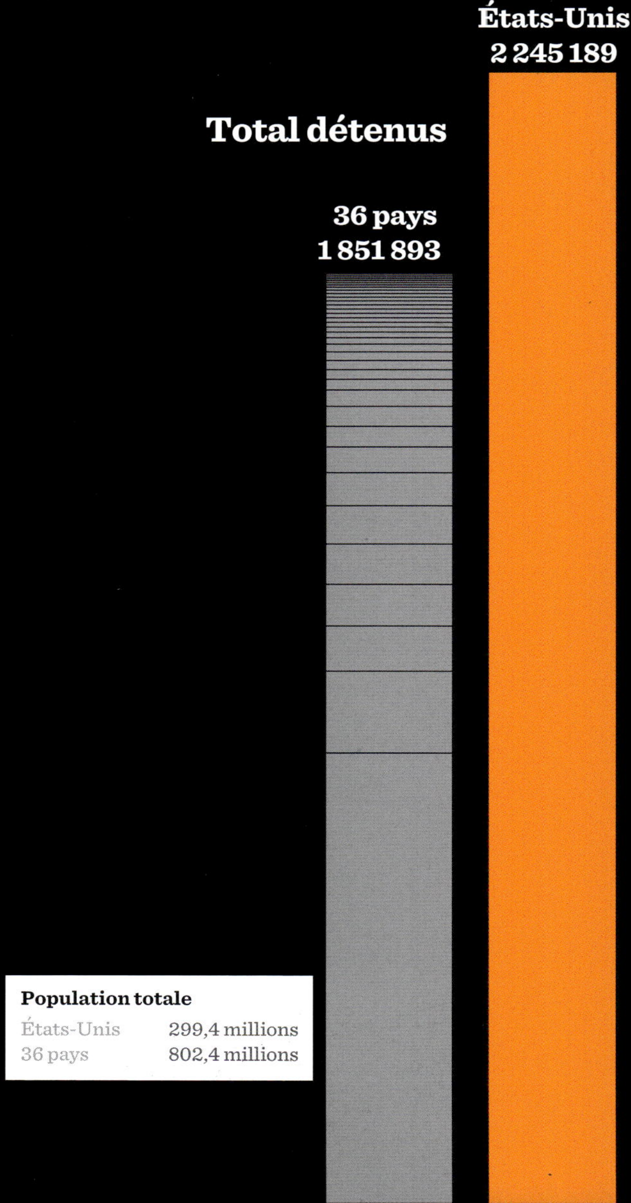

Détenus pour 100 000 habitants

(entre parenthèses, le nombre total de prisonniers).

Sources :
États-Unis et Europe : One in 100, The Pew Center on The States, 2008.
France : Administration pénitentiaire, septembre 2009.

Cette édition originale a été imprimée à 3 000 exemplaires.

Le tirage de tête est accompagné de 3 000 ex-libris numérotés édités sur papier d'art et portant le tampon de l'auteur et de l'éditeur.

Les typographies utilisées sont :
- Pour la quatrième de couverture, le Minimum Noir pour le titre et le Gararond pour le texte en hommage irrévérencieux au Garamond.
Ces caractères ont été dessinés par Pierre di Sciullo en 1990 et en 1994 www.quiresiste.com
- Pour l'intérieur : Sentinel, superbe slab sérif dessinée par Jonathan Hoefler and Tobias Frere-Jones.

Photographie de la couverture et du tirage signé : Philippe Brault.

Le design graphique de la collection a été établi par l'Atelier de création Années Lumière.
www.anneeslumiere.fr

Direction artistique :
Sébastien Brothier
Conception graphique du livre :
Sébastien Brothier avec Laétitia Lafond
Responsable éditorial :
Camille Fouché
Corrections :
Annie Rage

Imprimé et relié en Italie sur les presses de Grafiche Flaminia, Foligno.
Fabrication et gravure : Ex-Fabrica

Diffusion : Geodif
Distribution : SODIS
Dépôt légal : 2e semestre 2010
ISBN : 978-2-36104-010-9

24 rue Saint Antoine 75004 Paris
01 43 55 48 48
www.democratic-books.com
www.arteboutique.com